Geetha Mary Amalanathan

Conceitos e técnicas de aprendizagem profunda

Geetha Mary Amalanathan

Conceitos e técnicas de aprendizagem profunda

ScienciaScripts

Imprint
Any brand names and product names mentioned in this book are subject to trademark, brand or patent protection and are trademarks or registered trademarks of their respective holders. The use of brand names, product names, common names, trade names, product descriptions etc. even without a particular marking in this work is in no way to be construed to mean that such names may be regarded as unrestricted in respect of trademark and brand protection legislation and could thus be used by anyone.

Cover image: www.ingimage.com

This book is a translation from the original published under ISBN 978-620-7-65129-0.

Publisher:
Sciencia Scripts
is a trademark of
Dodo Books Indian Ocean Ltd. and OmniScriptum S.R.L publishing group

120 High Road, East Finchley, London, N2 9ED, United Kingdom
Str. Armeneasca 28/1, office 1, Chisinau MD-2012, Republic of Moldova, Europe
Managing Directors: Ieva Konstantinova, Victoria Ursu
info@omniscriptum.com

Printed at: see last page
ISBN: 978-620-8-52254-4

Conteúdo

Prefácio 2
Agradecimentos 3
Capítulo 1 4
Capítulo 2 30
Capítulo 3 44
Capítulo 4 59
Capítulo 5 79
Capítulo 6 98
Capítulo 7 107
Referências 123

Prefácio

Bem-vindo ao cativante mundo da aprendizagem profunda! Nos últimos anos, este campo tem testemunhado um aumento sem precedentes no interesse e na inovação, remodelando indústrias, avançando fronteiras científicas e enriquecendo a nossa compreensão da inteligência artificial (IA). Como autores deste livro, estamos entusiasmados por embarcar consigo numa viagem através das paisagens intrincadas das redes neuronais, dos algoritmos e das possibilidades ilimitadas que oferecem.

A aprendizagem profunda, um subconjunto da aprendizagem automática inspirado na estrutura e função do cérebro humano, revolucionou a forma como abordamos problemas complexos em áreas como a visão computacional, o processamento de linguagem natural e a aprendizagem por reforço. A sua capacidade de extrair padrões complexos de grandes quantidades de dados impulsionou avanços em diversos domínios, desde os cuidados de saúde às finanças, da condução autónoma ao entretenimento.

Neste livro, o nosso objetivo é desmistificar os princípios, as técnicas e as aplicações da aprendizagem profunda, tornando-os acessíveis a entusiastas, profissionais e investigadores. Quer seja um cientista de dados experiente que procura aprofundar os seus conhecimentos ou um recém-chegado ansioso por explorar as fronteiras da IA, este livro foi concebido para o equipar com os conhecimentos e as ferramentas para navegar no panorama em constante evolução da aprendizagem profunda.

Estruturámos este livro de forma a satisfazer um vasto leque de leitores, desde os que procuram uma compreensão fundamental das redes neuronais até aos que desejam aprofundar tópicos avançados, como as redes adversárias generativas e a aprendizagem por reforço profundo. Cada capítulo é elaborado com cuidado, combinando conceitos teóricos com exemplos práticos e exercícios práticos para promover uma compreensão mais profunda do material.

Embora o campo da aprendizagem profunda seja vasto e esteja em rápida evolução, o nosso objetivo é fornecer-lhe uma base sólida sobre a qual possa construir os seus conhecimentos. Encorajamo-lo a abordar este livro com curiosidade, a experimentar os exemplos de código e a explorar a rica tapeçaria de aplicações que a aprendizagem profunda permite.

Como autores, estamos em dívida para com os inúmeros investigadores, engenheiros e educadores cujo trabalho inovador abriu caminho para este livro. Estamos também profundamente gratos às nossas famílias, amigos e colegas pelo seu inabalável apoio e encorajamento ao longo deste projeto.

Agora, sem mais demoras, vamos embarcar numa viagem às profundezas da aprendizagem profunda, onde cada capítulo promete novos conhecimentos, desafios e descobertas. Juntos, vamos desvendar os mistérios das redes neurais e desbloquear o potencial da inteligência artificial para transformar o mundo.

Boa aprendizagem!

Dra. Geetha Mary Amalanathan

Agradecimentos

"O Dia de Ação de Graças começa com uma boa memória"

Este é um momento para recordar todos os que me ajudaram a concluir este livro com êxito.

Em primeiro lugar, agradeço a Deus Todo-Poderoso, cuja presença me guiou durante todo este período. Deus, a fonte do conhecimento, sempre me inspirou e guiou em tudo o que faço. Agradeço a Deus pela sabedoria que me concedeu ao escrever este livro e, de facto, ao longo da minha vida: "Tudo posso naquele que me dá força." (Filipenses 4: 13)

Acima de tudo, agradeço à minha família, a minha fonte de força e de sustento, ao meu pai, que sempre me apoiou, Sr. Amalanathan P, e à minha mãe, sempre amável, Sra. Margaret M A, pelo seu amor incondicional e pelo calor que me deram em todos os momentos da minha vida. Agradeço-lhes o encorajamento, a sabedoria e o conforto de que necessitei para concluir este livro. Agradeço ao meu filho, Sr. Febin Ignatius M, e à minha filha, Sra. Gia Michelle M, por me terem apoiado enquanto escrevia este livro.

Este livro é um testemunho do vosso amor incondicional e do vosso encorajamento.

Dra. Geetha Mary Amalanathan

Capítulo 1

Noções básicas de aprendizagem automática

Porque é que a aprendizagem profunda está a mudar o jogo?

Na Aprendizagem Automática tradicional, qualquer pessoa que esteja a construir um modelo tem de ser um especialista na área problemática em que está a trabalhar, ou trabalhar em equipa com um. Sem este conhecimento especializado, a conceção e a engenharia de caraterísticas tornam-se um desafio cada vez mais difícil. A qualidade de um modelo de aprendizagem automática depende da qualidade do conjunto de dados, mas também da forma como as caraterísticas codificam os padrões nos dados.

Os algoritmos de Aprendizagem Profunda utilizam Redes Neuronais Artificiais como estrutura principal. O que as distingue de outros algoritmos é o facto de não necessitarem de contribuições de especialistas durante a fase de conceção e engenharia das caraterísticas. As Redes Neuronais podem *aprender* as caraterísticas dos dados. Os algoritmos de aprendizagem profunda recebem o conjunto de dados e *aprendem* os seus padrões, *aprendem* a representar os dados com caraterísticas que extraem por si próprios. Em seguida, combinam diferentes representações do conjunto de dados, cada uma identificando um padrão ou caraterística específica, numa representação mais abstrata e de alto nível do conjunto de dados. Esta abordagem "hands-off", sem grande intervenção humana na conceção e extração de caraterísticas, permite que os algoritmos se adaptem muito mais rapidamente aos dados em questão.

As Redes Neuronais são inspiradas na estrutura do cérebro, mas não são necessariamente um modelo exato da mesma. Há muita coisa que ainda não sabemos sobre o cérebro e como ele funciona, mas ele tem servido de inspiração em muitas áreas científicas devido à sua capacidade de desenvolver a inteligência. E embora existam redes neurais que foram criadas com o único objetivo de entender como o cérebro funciona, a Aprendizagem Profunda como a conhecemos hoje não tem como objetivo replicar o funcionamento do cérebro. Em vez disso, a Aprendizagem Profunda concentra-se em permitir sistemas que aprendem vários níveis de composição de padrões.

E, como em qualquer progresso científico, **a Aprendizagem Profunda** não começou com as estruturas complexas e as aplicações generalizadas que se vêem na literatura recente. Tudo começou com uma estrutura básica, que se assemelha a um neurónio do cérebro.

1. 1 Algoritmo de aprendizagem

A tarefa do algoritmo de aprendizagem é aprender os pesos para o modelo. Os pesos descrevem a probabilidade de os padrões que o modelo está a aprender reflectirem relações reais nos dados. Um algoritmo de aprendizagem é composto por uma função de perda e uma técnica de otimização. A perda é a penalização incorrida quando a estimativa do objetivo fornecida pelo modelo de ML não é exatamente igual ao objetivo. Uma função de perda quantifica esta penalização como um valor único. Uma técnica de otimização procura minimizar a perda. No Amazon Machine Learning, são usadas três funções de perda, uma para cada um dos três tipos de problemas de previsão. A técnica de otimização utilizada no Amazon ML é o Stochastic Gradient Descent (SGD) online. O SGD faz passagens sequenciais sobre os dados de treino e, durante cada passagem, actualiza os pesos das caraterísticas, um exemplo de cada vez, com o objetivo de se aproximar dos pesos ideais que minimizam a perda.

O Amazon ML utiliza os seguintes algoritmos de aprendizagem:

- Para a classificação binária, o Amazon ML utiliza a regressão logística (função de perda logística + SGD).
- Para a classificação multiclasse, o Amazon ML utiliza a regressão logística multinomial (perda logística multinomial + SGD).
- Para a regressão, o Amazon ML utiliza a regressão linear (função de perda ao quadrado + SGD).

Um algoritmo de aprendizagem é um conjunto de instruções utilizado na aprendizagem automática que permite a um programa de computador imitar a forma como um ser humano melhora a caraterização de alguns tipos de informação. A matemática e a lógica que suportam um algoritmo de aprendizagem podem atualizar-se ao longo do tempo (sem intervenção humana) à medida que a programação é exposta a mais dados.

Os algoritmos de aprendizagem são úteis tanto na aprendizagem automática supervisionada como na não supervisionada, mas são utilizados de formas diferentes. Os algoritmos de aprendizagem supervisionada exigem que os dados de treino sejam rotulados, enquanto os algoritmos de aprendizagem não supervisionada procuram padrões para caraterizar a entrada.

Em geral, o que todos os algoritmos de aprendizagem têm em comum é a sua capacidade de extrapolar informação a partir de dados de treino e utilizar o que aprenderam para fazer previsões sobre novos dados.

Exemplos de algoritmos de aprendizagem incluem a regressão lógica, a regressão linear, as árvores de decisão e as florestas aleatórias.

- As regressões lógicas são utilizadas para obter um rácio de probabilidades na presença de mais do que uma variável.
- As regressões lineares são utilizadas para estudar a relação entre uma variável dependente e uma ou mais variáveis independentes.
- As árvores de decisão são utilizadas para dividir recursivamente os dados de entrada com base nas caraterísticas de entrada.
- As florestas aleatórias são utilizadas para dividir os dados de entrada em grupos homogéneos.
- Os algoritmos de aprendizagem preguiçosa, como o K-nearest neighbour, também apoiam a tomada de decisões em programas de aprendizagem automática.

1. 2 Criação de um algoritmo de aprendizagem automática

Embora os diferentes tipos de aprendizagem automática tenham abordagens diferentes para treinar o modelo, existem passos básicos que são utilizados pela maioria dos modelos. Os algoritmos necessitam de grandes quantidades de dados de alta qualidade para serem efetivamente treinados. Muitas das etapas tratam da preparação desses dados, para que o modelo possa ser o mais eficaz possível. Todo o projeto tem de ser devidamente planeado e gerido desde o início, para que um modelo se adeqúe às necessidades específicas da organização. Assim, o passo inicial consiste em contextualizar o projeto na organização como um todo.

Os seis passos para construir um modelo de aprendizagem automática incluem:

1. Contextualizar a aprendizagem automática na sua organização
2. Explorar os dados e escolher o tipo de algoritmo
3. Preparar e limpar o conjunto de dados
4. Dividir o conjunto de dados preparado e efetuar a validação cruzada
5. Efetuar a otimização da aprendizagem automática

6. Implementar o modelo

Contextualizar a aprendizagem automática na sua organização

O passo inicial na construção de um modelo de aprendizagem automática é compreender a necessidade do mesmo na sua organização. O processo de desenvolvimento da aprendizagem automática pode exigir muitos recursos, pelo que devem ser acordados e definidos objectivos claros desde o início. Defina claramente o problema que um modelo tem de resolver e o que se pretende com o sucesso. Um modelo implementado trará muito mais valor se estiver totalmente alinhado com os objectivos da sua organização. Antes do início do projeto, há elementos-chave que devem ser explorados e planeados.

Nesta fase, devem ser acordados os seguintes pormenores:

- Os proprietários gerais do projeto de aprendizagem automática.
- O problema que o projeto tem de resolver e uma definição do sucesso do projeto.
- O tipo de problema que o modelo terá de resolver.
- Os objectivos do modelo para compreender o retorno do investimento uma vez implantado.
- A fonte dos dados de formação e se estes são em quantidade e qualidade suficientes.
- Se os modelos pré-treinados podem ser implantados em vez disso.

Se um modelo pré-treinado puder ser realinhado e reutilizado para resolver um determinado problema, o processo de construção de um modelo de aprendizagem automática será simplificado. Em vez de construir um modelo de raiz, o processo de aprendizagem por transferência pode reutilizar um modelo existente para resolver um problema semelhante. Isto reduzirá os recursos necessários para o projeto, especialmente na aprendizagem supervisionada, que requer grandes conjuntos de dados de formação rotulados.

Explorar os dados e escolher o tipo de algoritmo

O passo seguinte na construção de um modelo de aprendizagem automática consiste em identificar o tipo de modelo necessário. As diferenças dependem do tipo de tarefa que o modelo precisa de realizar e das caraterísticas do conjunto de dados em causa. Inicialmente, os dados devem ser explorados por um cientista de dados através do processo de análise exploratória de dados. Isto dá ao cientista de dados uma compreensão inicial do conjunto de dados, incluindo as suas caraterísticas e componentes, bem como o agrupamento básico.

O tipo de algoritmo de aprendizagem automática escolhido basear-se-á na compreensão dos dados principais e do problema que tem de ser resolvido. Os modelos de aprendizagem automática dividem-se, em termos gerais, em três tipos principais. Cada um deles tem uma abordagem distinta para treinar o modelo. Os modelos de aprendizagem automática supervisionados requerem conjuntos de dados rotulados que foram preparados por um cientista de dados. O conjunto de dados de treino incluirá, portanto, dados de entrada e dados de saída rotulados. O modelo aprende então a relação entre os dados de entrada e de saída. Os modelos de aprendizagem automática supervisionados são utilizados para prever resultados e classificar novos dados.

Os modelos de aprendizagem automática não supervisionada são treinados em conjuntos de dados não rotulados. O conjunto de dados de treino requer apenas variáveis de entrada. Este tipo de modelo de aprendizagem automática aprende com o conjunto de dados e é utilizado para identificar tendências, agrupamentos ou padrões num conjunto de dados. Este tipo é utilizado principalmente para agrupar e categorizar dados e detetar as regras que regem o conjunto de dados.

O terceiro tipo principal de algoritmo de aprendizagem automática é a técnica de aprendizagem automática por reforço. Este processo adopta uma abordagem de tentativa e erro ou de ciclo de feedback à aprendizagem. São emitidos sinais de recompensa sempre que uma ação bem sucedida é executada e o sistema aprende por tentativa e erro. Um exemplo de aprendizagem por reforço é o desenvolvimento de automóveis sem condutor. Os sistemas aprendem através da interação com o ambiente para realizar uma tarefa específica, aprendendo e melhorando com as suas experiências passadas.

Preparar e limpar o conjunto de dados

Os modelos de aprendizagem automática necessitam geralmente de grandes conjuntos de dados de formação de elevada qualidade para garantir um modelo exato. Geralmente, o modelo aprenderá as relações entre os dados de entrada e de saída a partir deste conjunto de dados de treino. A composição destes conjuntos de dados varia consoante o tipo de formação em aprendizagem automática que está a ser realizada. Os modelos de aprendizagem automática supervisionada são treinados em conjuntos de dados etiquetados, que contêm variáveis de entrada e variáveis de saída etiquetadas.

O processo de preparação e rotulagem dos dados é normalmente efectuado por um cientista de dados e é frequentemente trabalhoso. Os modelos de aprendizagem automática não supervisionada, por outro lado, não necessitam de dados rotulados, pelo que o conjunto de dados de treino conterá apenas variáveis ou caraterísticas de entrada. Em ambos os tipos de aprendizagem automática, a qualidade dos dados tem um efeito importante na eficácia global do modelo. O modelo aprende com os dados, pelo que uma má qualidade dos dados de treino pode significar que o modelo é ineficaz depois de implementado. Os dados devem ser verificados e limpos para que sejam normalizados, os dados em falta sejam identificados e os valores atípicos sejam detectados.

Dividir o conjunto de dados preparado e efetuar a validação cruzada

A eficácia de um modelo de aprendizagem automática no mundo real depende da sua capacidade de generalizar, de aplicar a lógica aprendida com os dados de treino a dados novos e não vistos. Os modelos correm frequentemente o risco de serem sobreajustados aos dados de treino, o que significa que o algoritmo está demasiado alinhado com os dados de treino originais. O resultado será uma queda na precisão ou mesmo uma perda de função quando se depara com novos dados num ambiente real.

Para contrariar este facto, os dados preparados são normalmente divididos em dados de treino e dados de teste. A maior parte do conjunto de dados é reservada como dados de treino (por exemplo, cerca de 80% do conjunto total de dados), sendo também criado um subconjunto de dados de teste. O modelo pode então ser treinado e construído a partir dos dados de treino, antes de ser medido nos dados de teste. Os dados de teste funcionam como dados novos e inéditos, permitindo avaliar a exatidão e os níveis de generalização do modelo.

Este processo é designado por validação cruzada na aprendizagem automática, uma vez que valida a eficácia do modelo em relação a dados não vistos. Há uma série de técnicas de validação cruzada, classificadas como abordagens exaustivas e não exaustivas. As técnicas de validação cruzada exaustiva testam todas as combinações e iterações de um conjunto de dados de treino e de teste. As técnicas de validação cruzada não exaustivas criam uma partição aleatória dos subconjuntos de treino e de teste. A abordagem exaustiva proporcionará uma visão mais aprofundada do conjunto de dados, mas exigirá muito mais tempo e recursos do que uma abordagem não exaustiva.

Efetuar a otimização da aprendizagem automática

A otimização do modelo é uma parte integrante da obtenção de precisão num ambiente real ao construir um modelo de aprendizagem automática. O objetivo é ajustar a configuração do modelo para melhorar a precisão e a eficiência. Os modelos também podem ser optimizados para se adaptarem a objectivos, tarefas ou casos de utilização específicos. Os modelos de aprendizagem automática terão um grau de erro e a otimização é o processo de redução desse grau.

O processo de otimização da aprendizagem automática envolve a avaliação e a reconfiguração dos hiperparâmetros do modelo, que são configurações do modelo definidas pelo cientista de dados. Os hiperparâmetros não são aprendidos ou desenvolvidos pelo modelo através da aprendizagem automática. Em vez disso, são configurações escolhidas e definidas pelo projetista do modelo. Exemplos de hiperparâmetros incluem a estrutura do modelo, a taxa de aprendizagem ou o número de clusters em que um modelo deve categorizar os dados. O modelo desempenhará as suas tarefas de forma mais eficaz após a otimização dos hiperparâmetros.

Historicamente, o processo de otimização dos hiperparâmetros pode ter sido realizado por tentativa e erro. Este processo seria extremamente moroso e exigiria muitos recursos. Atualmente, são utilizados algoritmos de otimização para avaliar rapidamente a configuração dos hiperparâmetros e identificar as definições mais eficazes. Os exemplos incluem a otimização bayesiana, que adopta uma abordagem sequencial à análise dos hiperparâmetros. Tem em conta o efeito do hiperparâmetro nas funções-alvo, pelo que se concentra na otimização da configuração para obter o máximo benefício.

Implementar o modelo de aprendizagem automática

O último passo na construção de um modelo de aprendizagem automática é a implementação do modelo. Os modelos de aprendizagem automática são geralmente desenvolvidos e testados num ambiente local ou offline, utilizando conjuntos de dados de treino e de teste. A implementação é quando o modelo é transferido para um ambiente real, lidando com dados novos e inéditos. Este é o momento em que o modelo começa a trazer um retorno do investimento para a organização, uma vez que está a executar a tarefa para a qual foi treinado com dados reais. Cada vez mais organizações estão a utilizar a contentorização como uma ferramenta para a implementação da aprendizagem automática. Os contentores são um ambiente popular para a implementação de modelos de aprendizagem automática, uma vez que a abordagem torna mais simples a atualização ou a implementação de diferentes partes do modelo. Para além de proporcionarem um ambiente consistente para o funcionamento de um modelo, os contentores são também intrinsecamente escaláveis. As plataformas de código aberto, como o Kubernetes, são utilizadas para gerir e orquestrar contentores e automatizar elementos de gestão de contentores, como a programação e o escalonamento.

1. 3 Neurónio biológico

Podemos definir os neurónios como os portadores de informação que utilizam impulsos eléctricos e sinais químicos para transmitir informação. Os neurónios transmitem a informação nas duas áreas seguintes:

1. diferentes partes do cérebro
2. o cérebro e o sistema nervoso

Assim, tudo o que pensamos, sentimos e, mais tarde, fazemos deve-se ao funcionamento dos neurónios.

A figura 1 mostra um neurónio biológico típico. Apresenta-se em seguida uma breve revisão da arquitetura de um neurónio. **Um neurónio tem as seguintes três partes básicas: corpo**

celular, axónio e dendrite.

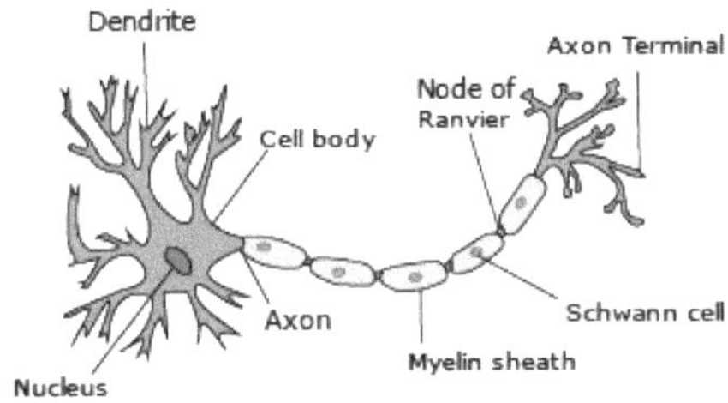

Fig 1: A arquitetura de um neurónio biológico O núcleo no corpo celular controla o funcionamento da célula. A extensão do axónio (com uma longa cauda) transmite mensagens da célula. A extensão dos dendritos (como um ramo de árvore) recebe mensagens para a célula.

Em suma, podemos resumir que os neurónios biológicos comunicam entre si enviando substâncias químicas, chamadas neurotransmissores, através de um pequeno espaço, chamado sinapse, entre os axónios e os dendritos dos neurónios adjacentes.

1. 4 Rede Neuronal

As redes neuronais artificiais (RNA, também designadas abreviadamente por redes neuronais (NN) ou redes neurais) são um ramo dos modelos de aprendizagem automática construídos com base nos princípios de organização neuronal descobertos pelo conexionismo nas redes neuronais biológicas que constituem os cérebros dos animais.

Uma RNA baseia-se num conjunto de unidades ou nós ligados entre si, designados por neurónios artificiais, que modelam livremente os neurónios de um cérebro biológico. Cada ligação, tal como as sinapses num cérebro biológico, pode transmitir um sinal a outros neurónios. Um neurónio artificial recebe sinais, processa-os e pode enviar sinais aos neurónios que lhe estão ligados. O "sinal" numa ligação é um número real, e a saída de cada neurónio é calculada por uma função não linear da soma das suas entradas. As conexões são chamadas de arestas. Os neurónios e as arestas têm normalmente um peso que se ajusta à medida que a aprendizagem prossegue. O peso aumenta ou diminui a intensidade do sinal numa ligação. Os neurónios podem ter um limiar de modo a que um sinal só seja enviado se o sinal agregado ultrapassar esse limiar.

Normalmente, os neurónios são agregados em camadas. As diferentes camadas podem efetuar diferentes transformações nas suas entradas. Os sinais viajam desde a primeira camada (a camada de entrada) até à última camada (a camada de saída), possivelmente depois de atravessarem as camadas várias vezes.

Uma rede neuronal é constituída por componentes empilhados verticalmente, designados **por camadas**. A figura 2 apresenta uma rede neuronal, em que cada linha a tracejado na imagem representa uma camada.

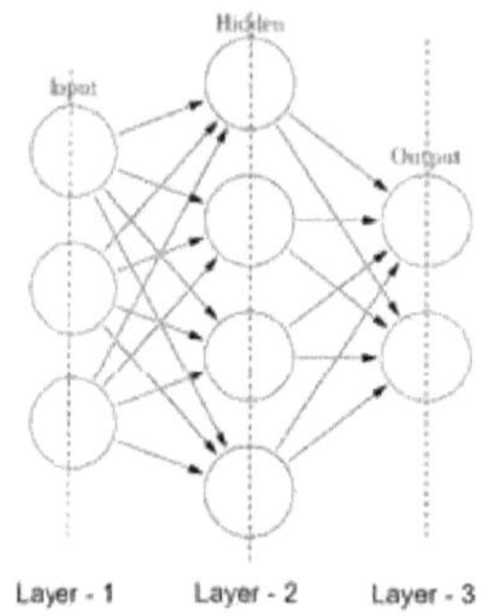

Fig 2: Exemplo de rede neural

Existem três tipos de camadas numa NN

Camada de entrada - A primeira é a camada de entrada. Esta camada aceita os dados e transmite-os ao resto da rede.

Camada oculta - O segundo tipo de camada é designado por camada oculta. As camadas ocultas são em número de uma ou mais numa rede neuronal. No caso acima, o número é 1. As camadas ocultas são as verdadeiras responsáveis pelo excelente desempenho e complexidade das redes neuronais. Desempenham várias funções ao mesmo tempo, como a transformação de dados, a criação automática de caraterísticas, etc.

Camada de saída - O último tipo de camada é a camada de saída. A camada de saída contém o resultado ou a saída do problema. As imagens em bruto são passadas para a camada de entrada e recebemos o resultado na camada de saída.

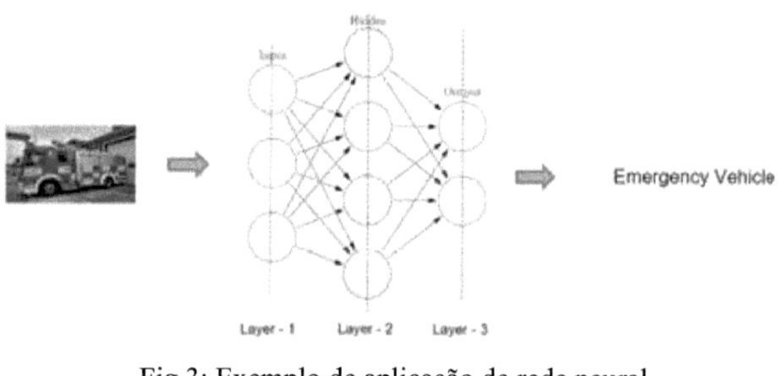

Fig 3: Exemplo de aplicação de rede neural

Neste caso, tal como apresentado na figura 3, estamos a fornecer uma imagem de um veículo e esta camada de saída fornecerá uma saída para saber se se trata de um veículo de emergência ou não, depois de passar pelas camadas de entrada e oculta, claro.

1. 4. 1 O que são neurónios numa rede neuronal?

Uma camada é constituída por pequenas unidades individuais denominadas neurónios. Um **neurónio** numa rede neuronal pode ser melhor compreendido com a ajuda dos neurónios biológicos, apresentados na Figura 1. Um neurónio artificial é semelhante a um neurónio biológico. Recebe informação dos outros neurónios, efectua algum processamento e produz uma saída. Um neurónio artificial é apresentado na Figura 4. ***X1*** e ***X2*** são entradas para os neurónios artificiais, *f(X)* representa o processamento efectuado nas entradas e ***y*** representa a saída do neurónio.

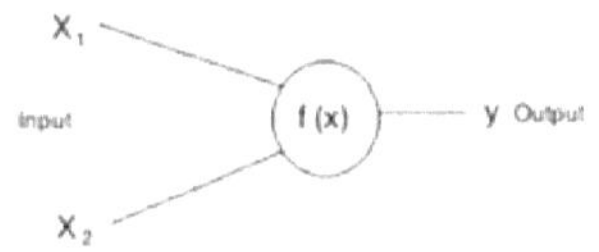

Fig 4: Rede Neural Artificial

O que é um disparo de um neurónio?

Na vida real, todos nós já ouvimos a frase "Acendam esses neurónios" de uma forma ou de outra. O mesmo se aplica aos neurónios artificiais. Todos os neurónios têm uma tendência para disparar, mas apenas em determinadas condições. Por exemplo, se representarmos f(X) por adição, este neurónio pode disparar quando a soma for superior a, digamos, 100. Mas pode haver um caso em que o outro neurónio dispara quando a soma é superior a 10.

Estas condições, que diferem de neurónio para neurónio, são designadas por **limiar**. Por exemplo, se a entrada x_1 no primeiro neurónio for 30 e x_2 for 0, este neurónio não dispara, uma vez que a soma 30+0 = 30 não é superior ao limiar, ou seja, 100.

Agora, o limiar negativo é chamado de **Bias** de um neurónio. Vamos representar isto um pouco matematicamente. Assim, podemos representar o estado de disparo e de não disparo de um neurónio utilizando estas duas equações

X1+X2 > limiar então Fogo

X1+X2 < limiar, então não há incêndio

Se a soma das entradas for superior ao limiar, o neurónio dispara. Caso contrário, o neurónio não dispara. Vamos simplificar um pouco essa equação e trazer o limiar para o lado esquerdo das equações. Agora, esse limiar negativo é chamado de **Bias.**

X1+X2-threshold > 0 então Fogo que é equivalente a *X1+X2+bias* > 0

X1+X2-threshold < 0 então No Fire que é equivalente a *X1+X2+bias* < 0

Um aspeto a ter em conta é que, numa rede neuronal artificial, **todos os neurónios de uma camada têm a mesma polarização**. Agora que temos uma boa compreensão da polarização e de como ela representa a condição para um neurónio disparar, vamos passar para outro aspeto de um neurónio artificial chamado Pesos.

Até agora, mesmo no nosso cálculo, atribuímos a mesma importância a todas as entradas. Por exemplo, *X1+X2+bias* > 0. Neste caso, x_1 tem um peso de 1 e x_2 tem um peso de 1 e o bias tem um peso de 1, mas e se quisermos atribuir pesos diferentes a entradas diferentes?

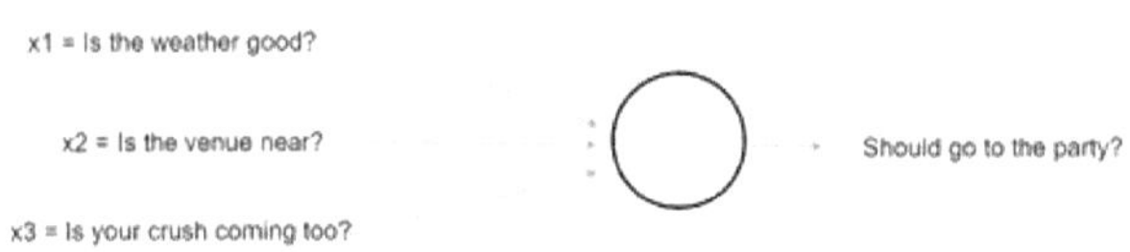

Fig 5: Exemplo de rede neural

Vejamos um exemplo apresentado na Figura 5 para o compreender melhor. Suponha que hoje é uma festa da faculdade e tem de decidir se deve ir à festa ou não com base em algumas condições de entrada, tais como O tempo está bom? O local da festa é perto? A tua paixão vem? Assim, se o tempo estiver bom, será apresentado com o valor 1, caso contrário 0. Do mesmo modo, se o local for perto, será representado por 1, caso contrário 0. E o mesmo se aplica ao facto de a tua paixão ir ou não à festa.

Agora, suponha que, sendo um adolescente universitário, adora absolutamente a sua paixoneta

e é capaz de fazer qualquer coisa para a ver. Por isso, vai definitivamente à festa, independentemente das condições climatéricas ou da distância do local, . Nesse caso, vai querer atribuir mais peso a x_3, que representa a paixoneta, em comparação com as outras duas entradas.
Esta situação pode ser representada se atribuirmos pesos a uma entrada como a apresentada na Figura 6.

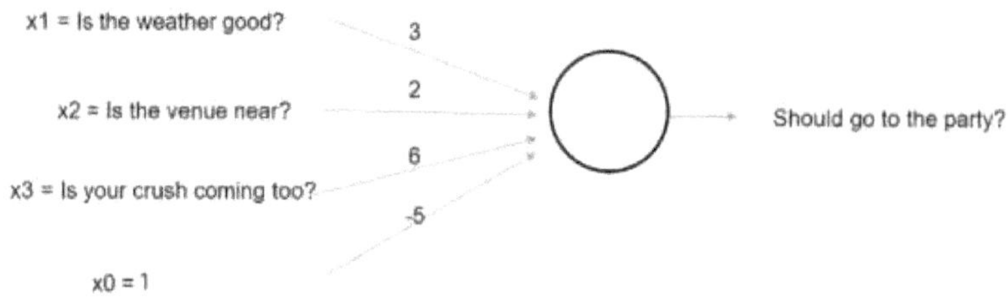

Fig 6: Exemplo de rede neural com pesos

Podemos atribuir um peso de 3 à meteorologia, um peso de 2 ao local e um peso de 6 à paixoneta. Agora, se a soma de todos estes três factores, ou seja, o tempo, o local e a paixão, for superior a um limiar de 5, então pode decidir ir à festa ou não.

Nota: X0 é o valor de polarização

Assim, por exemplo, considerámos inicialmente a condição em que a paixão é mais importante do que o tempo ou o local em si.

Xoxo	*Wo*	*Xi*	*Wi*	*X2*	*W2*	*X3*	*W3*	*Y*
1	*-5*	*0*	*3*	*0*	*2*	1	*6*	1

Tabela 1: Entradas e pesos da rede neural

Digamos, por exemplo, que, como representámos aqui, o tempo (x_1) é mau, representado por 0, e o local (x_2) está longe, representado por 0, mas a sua paixão (x_3) vai à festa, representada por 1. Assim, quando se calcula a soma depois de multiplicar os valores dos x_s pelos respectivos pesos, obtém-se uma soma de 0 para o Tempo (x_1), 0 para o Local (x_2) e 6 para a Paixão (x_3). Como 6 é maior do que o limiar de 5, o utilizador decide ir à festa. Assim, o resultado (y) é 1.
Vamos agora imaginar um cenário diferente. Imagine que hoje está doente e que, de qualquer forma, não irá à festa. Então, esta situação pode ser representada atribuindo igual peso à meteorologia, ao local e à paixão, com o limiar de 4. A rede neural actualizada é apresentada na Figura 7.

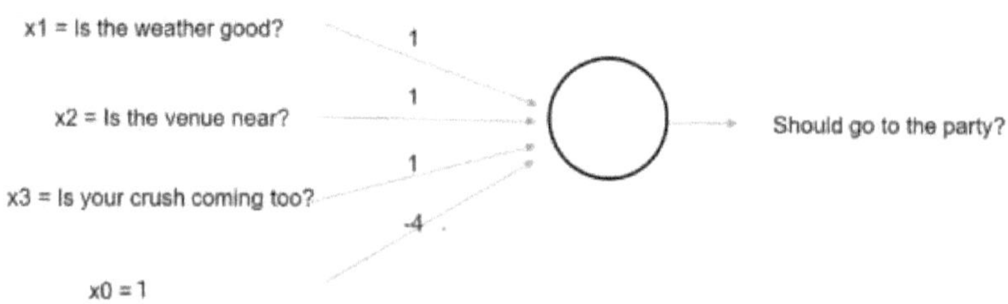

Fig. 7: Exemplo de rede neural com pesos diferentes

Agora, neste caso, estamos a alterar o valor do limiar e a defini-lo para um valor de 4, por isso, mesmo que o tempo esteja bom, o local esteja perto e a sua paixão esteja a chegar, não irá a a festa, uma vez que a soma, ou seja, 1 + 1 + 1 igual a 3, é inferior ao valor do limiar de 4.

X	Wo	Xi	Wi	X2	W2	X3	W3	Y
1	-5	0	3	0	2	1	6	1
1	-4	1	1	1	1	1	1	-1

Tabela 2: Entradas e pesos da rede neural

Estes $w0$, $w1$, $w2$ e $w3$ são chamados os pesos dos neurónios e são diferentes para neurónios diferentes. Estes pesos são os que uma rede neuronal tem de aprender para tomar boas decisões.

Funções de ativação numa rede neuronal, $y = _{wxo} + wx + _{w2x2}$, y € (-TO, TO)

Agora que sabemos como uma rede neuronal combina diferentes entradas utilizando pesos, passemos ao último aspeto de um neurónio, as funções de ativação. Até agora, o que temos estado a fazer é simplesmente adicionar algumas entradas ponderadas e calcular uma saída, que pode ir de menos infinito a infinito.

Mas isto pode ser posto em causa em muitas circunstâncias. Suponhamos que queremos primeiro estimar a idade de uma pessoa a partir da sua altura, peso e nível de colesterol e depois classificá-la como idosa ou não, com base no facto de a idade ser superior a 60 anos.

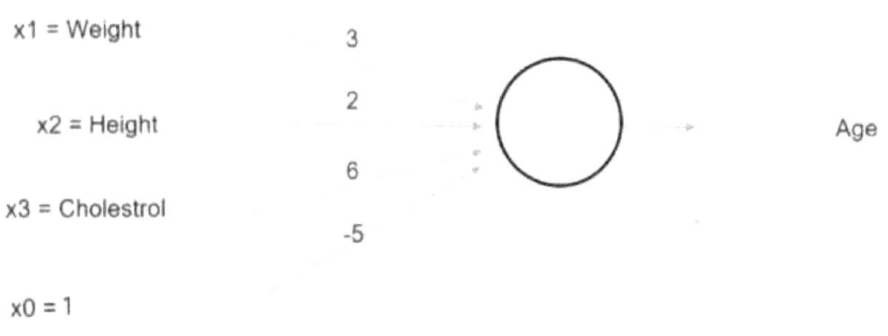

Fig 8: Outra rede neural para uma aplicação diferente

Agora, se utilizarmos este neurónio, a idade de -20 anos é mesmo possível. Sabe-se que o intervalo de idade, de acordo com a estrutura atual deste neurónio, vai de -OT a TO. Por isso, mesmo que a idade de alguém seja -20 é possível, dado este intervalo absurdo de idade, ainda podemos usar a nossa condição para decidir se uma pessoa é velha ou não. Por exemplo, se tivermos estabelecido um determinado critério como, por exemplo, uma pessoa só é velha se a sua idade for superior a 60 anos. Então, mesmo que a idade seja -20, podemos utilizar este critério para classificar a pessoa como não idosa. Mas teria sido muito melhor se a idade fizesse muito mais sentido, como se a saída deste neurónio que representa a idade estivesse no intervalo de, digamos, 0 a 120. Então, como podemos resolver este problema quando a saída de um neurónio não está num determinado intervalo?

Um método para cortar a idade no lado negativo seria utilizar uma função como **max(0, X)**.

Antes de utilizarmos qualquer função, vamos primeiro observar a condição original. Para o *X* positivo, tínhamos um *Y* positivo, e para o *X* negativo tínhamos um *Y* negativo. Aqui o eixo x representa os valores actuais e o y representa os valores transformados-

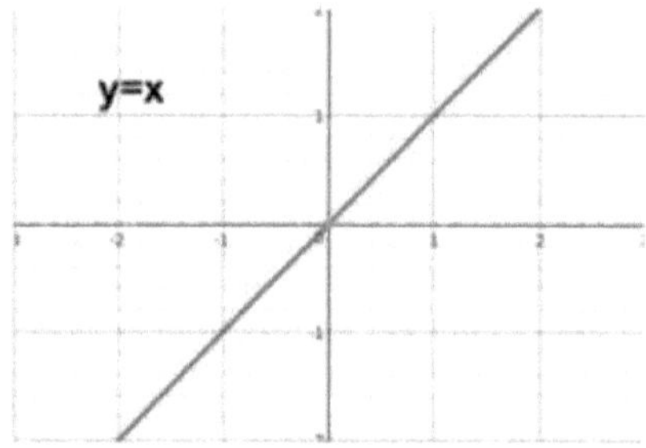

Fig 9: Função de ativação linear

Mas agora, se quisermos livrar-nos dos valores negativos, podemos utilizar uma função como max (0, *X*). Utilizando esta função, tudo o que estiver no lado negativo do eixo x é cortado para 0.

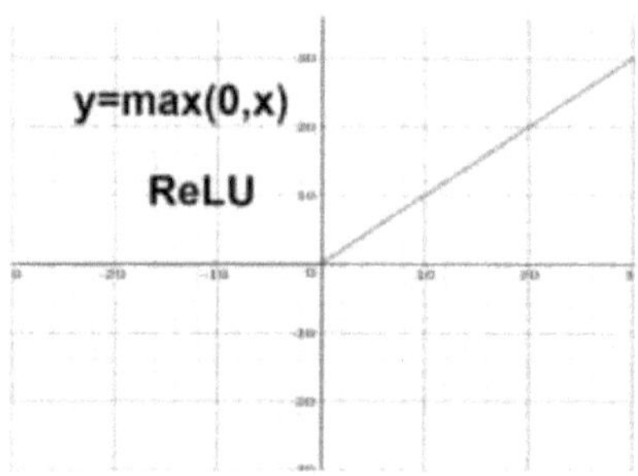

Fig 10: Função de ativação ReLU

Este tipo de função é designado por função ReLU e estas classes de funções, que transformam a entrada combinada, são designadas por **funções de ativação**. Assim, a ReLU é uma função de ativação, apresentada na Figura 10.

Dependendo do tipo de transformação necessária, podem existir diferentes tipos de funções de ativação. Vejamos algumas das funções de ativação mais populares

As funções de ativação podem ser basicamente divididas em 2 tipos

1. Função de ativação linear
2. Funções de ativação não lineares

Função de ativação linear ou de identidade

Como se pode ver, a função é uma linha ou linear. Por conseguinte, a saída das funções não estará confinada a nenhum intervalo.

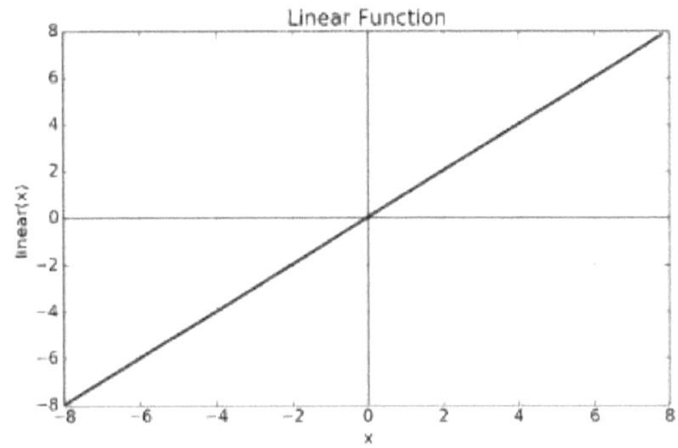

Fig 11: Função de ativação linear

Equação : f(x) = x
Gama : (-infinito a infinito)
Não ajuda com a complexidade ou com os vários parâmetros dos dados habituais que são fornecidos às redes neuronais.

Função de ativação não linear

As funções de ativação não lineares são as funções de ativação mais utilizadas. A não linearidade ajuda a fazer com que o gráfico se pareça com o seguinte

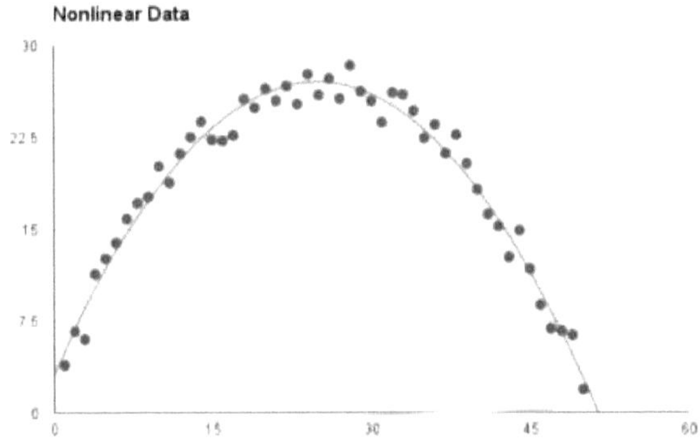

Fig. 12: Função de ativação não linear

Facilita a generalização ou adaptação do modelo a uma variedade de dados e a diferenciação entre os resultados.
As principais terminologias necessárias para compreender as funções não lineares são:
Derivada ou diferencial: *Mudança no eixo y em relação à mudança no eixo x. Também é conhecido como declive.*
Função monotónica: *Uma função que ou é totalmente não crescente ou não decrescente.*
As funções de ativação não lineares dividem-se principalmente em função da sua **gama ou** curvas

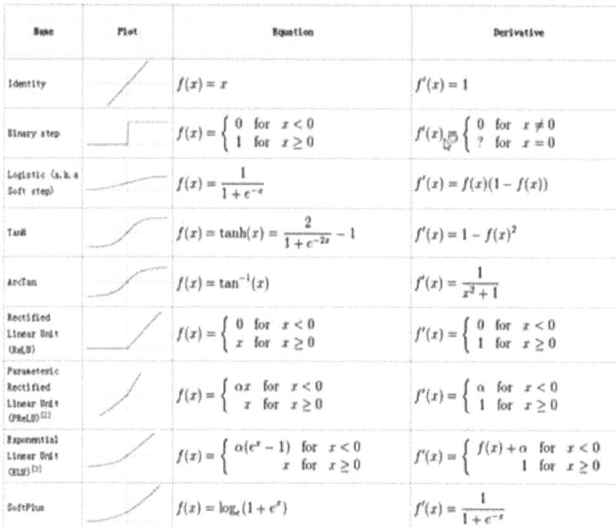

Name	Plot	Equation	Derivative
Identity		$f(x) = x$	$f'(x) = 1$
Binary step		$f(x) = \begin{cases} 0 & \text{for } x < 0 \\ 1 & \text{for } x \geq 0 \end{cases}$	$f'(x) = \begin{cases} 0 & \text{for } x \neq 0 \\ ? & \text{for } x = 0 \end{cases}$
Logistic (a.k.a Soft step)		$f(x) = \frac{1}{1+e^{-x}}$	$f'(x) = f(x)(1 - f(x))$
TanH		$f(x) = \tanh(x) = \frac{2}{1+e^{-2x}} - 1$	$f'(x) = 1 - f(x)^2$
ArcTan		$f(x) = \tan^{-1}(x)$	$f'(x) = \frac{1}{x^2+1}$
Rectified Linear Unit (ReLU)		$f(x) = \begin{cases} 0 & \text{for } x < 0 \\ x & \text{for } x \geq 0 \end{cases}$	$f'(x) = \begin{cases} 0 & \text{for } x < 0 \\ 1 & \text{for } x \geq 0 \end{cases}$
Parameteric Rectified Linear Unit (PReLU)[2]		$f(x) = \begin{cases} \alpha x & \text{for } x < 0 \\ x & \text{for } x \geq 0 \end{cases}$	$f'(x) = \begin{cases} \alpha & \text{for } x < 0 \\ 1 & \text{for } x \geq 0 \end{cases}$
Exponential Linear Unit (ELU)[3]		$f(x) = \begin{cases} \alpha(e^x - 1) & \text{for } x < 0 \\ x & \text{for } x \geq 0 \end{cases}$	$f'(x) = \begin{cases} f(x) + \alpha & \text{for } x < 0 \\ 1 & \text{for } x \geq 0 \end{cases}$
SoftPlus		$f(x) = \log_e(1 + e^x)$	$f'(x) = \frac{1}{1+e^{-x}}$

Fig. 13: Lista das funções de ativação

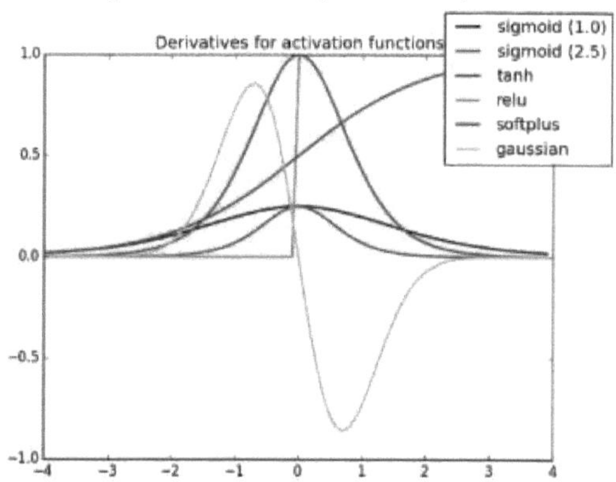

Fig. 14: Derivada das funções de ativação

1. 5 Sistema de aprendizagem profunda

A aprendizagem profunda é um subcampo da aprendizagem automática que se ocupa do desenvolvimento de algoritmos que podem aprender com os dados de forma hierárquica. Os algoritmos de aprendizagem profunda utilizam várias camadas de nós interligados, designados por redes neuronais artificiais, para processar e analisar dados complexos. Estas redes são treinadas utilizando grandes quantidades de dados rotulados e poderosos recursos computacionais e são capazes de aprender a reconhecer padrões e fazer previsões com base nos dados que lhes são fornecidos. A aprendizagem profunda tem sido aplicada a uma variedade de tarefas, incluindo o reconhecimento de imagens e de voz, o processamento de linguagem natural e a condução autónoma de automóveis.

Diferença entre redes neurais e um sistema de aprendizagem profunda

Embora tanto as redes neuronais como os sistemas de aprendizagem profunda se baseiem na noção de redes neuronais artificiais, diferem significativamente.

Conteúdo	Rede Neural	Sistema de aprendizagem profunda
Definição	Um modelo matemático de aprendizagem supervisionada ou não supervisionada inspirado na estrutura e função do cérebro. Uma disciplina de aprendizagem automática que utiliza redes neuronais artificiais multicamadas para a extração e transformação de caraterísticas, bem como para a aprendizagem de ponta a ponta.	Uma disciplina de aprendizagem automática que utiliza redes neuronais artificiais multicamadas para a extração de caraterísticas extração e transformação, bem como a aprendizagem de ponta a ponta.
Chave Componentes	Neurónios, pesos, polarizações, funções de ativação.	Redes neurais, grandes quantidades de dados rotulados, hardware potente para treino.
Típico Aplicação	Classificação, regressão, caraterística extração, redução da dimensionalidade, previsão de séries cronológicas.	Visão por computador, processamento de linguagem natural, reconhecimento de voz, autónomo veículos, recomendação sistemas.
Algoritmos representativos	Perceptron, retropropagação, função de base radial (RBF)	Redes neurais convolucionais (CNN), redes neurais recorrentes
	redes, mapas auto-organizáveis (SOMs).	(RNNs), memória de curto prazo longa (LSTM) redes, auto-codificadores, Generativo Adversarial Redes (GANs).
Desempenho	O seu desempenho é fraco quando comparado com o das redes de aprendizagem profunda.	Supera as redes neuronais em termos de desempenho.

1.6 Tipos de redes neurais

Existem *sete* tipos de redes neuronais que podem ser utilizadas.

- Perceptron multicamada (MLP): Um tipo de rede neural feedforward com três ou mais camadas, incluindo uma camada de entrada, uma ou mais camadas ocultas e uma camada de saída. Utiliza funções de ativação não lineares.
- Rede neural convolucional (CNN): Uma rede neural concebida para processar dados de entrada com uma estrutura semelhante a uma grelha, como uma imagem. Utiliza camadas convolucionais e camadas de pooling para extrair caraterísticas dos dados de entrada.
- Rede neural recursiva (RNN): Uma rede neural que pode operar em seqüências de entrada de comprimento variável, como texto. Utiliza pesos para efetuar previsões estruturadas.
- Rede neural recorrente (RNN): Um tipo de rede neuronal que estabelece ligações entre os

neurónios num ciclo dirigido, permitindo-lhe processar dados sequenciais.

- Memória de curto prazo longa (LSTM): Um tipo de RNN que foi concebido para ultrapassar o problema do gradiente de desaparecimento no treino de RNNs. Utiliza células de memória e portas para ler, escrever e apagar informação de forma selectiva.
- Sequência-para-Sequência (Seq2Seq): Um tipo de rede neural que usa duas RNNs para mapear seqüências de entrada para seqüências de saída, como a tradução de um idioma para outro.
- Rede neural superficial: Uma rede neural com apenas uma camada oculta, frequentemente utilizada para tarefas mais simples ou como um bloco de construção para redes maiores.

1.7 Separabilidade linear

A Separabilidade Linear refere-se aos pontos de dados em problemas de classificação binária que podem ser separados utilizando limites de decisão lineares. Se os pontos de dados puderem ser separados utilizando uma linha, uma função linear ou um hiperplano plano, são considerados linearmente separáveis.

- A separabilidade linear é um conceito importante nas redes neuronais. Se os pontos separados num espaço de dimensão n seguirem $w1x1+w2x2 + ... + w_nx_n + b = 0$ então diz-se que é linearmente separável.
- Para entradas bidimensionais, se existir uma linha (cuja equação é $w1x1+w2x2 + b = 0$) que separa todas as amostras de uma classe da outra classe, então uma perceção apropriada pode ser derivada da equação da linha de separação. Estes problemas de classificação são designados por "separáveis lineares", ou seja, a separação é efectuada por uma combinação linear de i/p.
- O exemplo da porta lógica AND apresentado acima ilustra um exemplo bidimensional de um problema linearmente separável.

1. 8 Perceptron linear

- No contexto das redes neuronais, um perceptron é um neurónio artificial que utiliza a função de degrau de Heaviside como função de ativação. O algoritmo do perceptron é também designado por perceptron de camada única, para o distinguir de um perceptron de várias camadas, que é uma designação incorrecta para uma rede neuronal mais complicada. Como classificador linear, o perceptron de camada única é a rede neuronal feedforward mais simples.
- Inicialmente, em meados do século XIX, o Sr. Frank Rosenblatt inventou o Perceptron para efetuar determinados cálculos para detetar capacidades de dados de entrada ou inteligência comercial. O Perceptron é um algoritmo linear de aprendizagem automática utilizado para a aprendizagem supervisionada de vários classificadores binários.

O modelo Perceptron é também considerado como um dos melhores e mais simples tipos de Redes Neuronais Artificiais. No entanto, trata-se de um algoritmo de aprendizagem supervisionada de classificadores binários. Por conseguinte, podemos considerá-lo como uma rede neural de camada única com quatro parâmetros principais, ou seja, valores de entrada, pesos e polarização, soma líquida e uma função de ativação.

Na aprendizagem automática, os classificadores binários são definidos como a função que ajuda a decidir se os dados de entrada podem ser representados como vectores de números e se pertencem a uma classe específica. Os classificadores binários podem ser considerados como classificadores lineares. Em palavras simples, podemos entendê-lo como um ***algoritmo***

de classificação que pode prever uma função de previsão linear em termos de vectores de peso e de caraterísticas.

Componentes básicos do Perceptron

O Sr. Frank Rosenblatt inventou o modelo perceptron como um classificador binário que contém três componentes principais. Estes são os seguintes: valores de entrada ou caraterísticas, pesos associados a cada entrada e polarização, e uma função de ativação. Um modelo perceptron é apresentado na Figura 15. Os componentes do modelo perceptron são analisados em seguida.

Nós de entrada ou camada de entrada: Este é o componente principal do Perceptron que aceita os dados iniciais no sistema para processamento posterior. Cada nó de entrada contém um valor numérico real.

Peso e polarização: O parâmetro Peso representa a força da ligação entre as unidades. Este é outro dos parâmetros mais importantes dos componentes do Perceptron. O peso é diretamente proporcional à força do neurónio de entrada associado na decisão da saída. Além disso, o Bias pode ser considerado como a linha de interceção numa equação linear.

Função de ativação: Estes são os componentes finais e importantes que ajudam a determinar se o neurónio vai disparar ou não. A função de ativação pode ser considerada principalmente como uma função de passo .

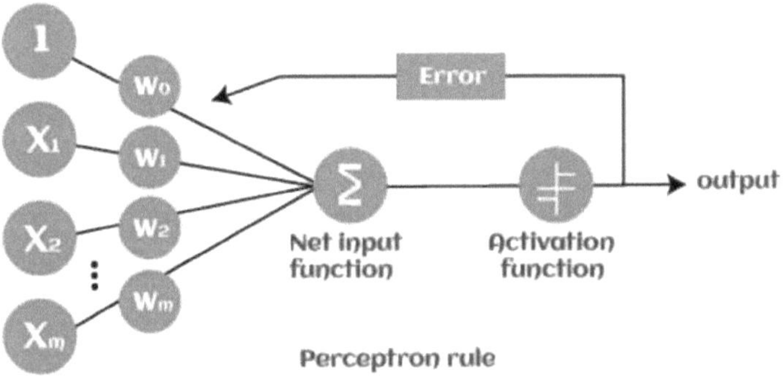

Fig. 15: Perceptron

Tipos de modelos Perceptron

Com base nas camadas, os modelos Perceptron dividem-se em dois tipos. Estes são os seguintes:

1. Modelo Perceptron de camada única
2. Modelo Perceptron de várias camadas

1. 8. 1 Modelo Perceptron de camada única

Este é um dos tipos mais fáceis de Redes Neuronais Artificiais (RNA). Um modelo perceptron de camada única consiste numa rede de alimentação e inclui também uma função de transferência de limiar dentro do modelo. O principal objetivo do modelo perceptron de camada única é analisar os objectos linearmente separáveis com resultados binários.

Num modelo perceptron de camada única, os seus algoritmos não contêm dados registados, pelo que começa com uma entrada inconstante para os parâmetros de peso. Além disso, soma todas as entradas (peso). Depois de somar todas as entradas, se a soma total de todas as entradas for superior a um valor pré-determinado, o modelo é ativado e apresenta o valor de saída como +1.

Se o resultado for igual ao valor pré-determinado ou limiar, então o desempenho deste modelo é considerado satisfeito e a procura de peso não se altera. No entanto, este modelo apresenta algumas discrepâncias quando são introduzidos vários valores de peso no modelo. Assim, para encontrar a saída desejada e minimizar os erros, devem ser necessárias algumas alterações na entrada dos pesos.

"O perceptron de camada única só pode aprender padrões linearmente separáveis."

1. 8. 2 Modelo de Perceptron de Múltiplas Camadas:

Tal como um modelo perceptron de camada única, um modelo perceptron de várias camadas também tem a mesma estrutura de modelo, mas tem um maior número de camadas ocultas.

O modelo perceptron de várias camadas é também conhecido como algoritmo de retropropagação, que é executado em duas fases, como se segue:

- **Estágio de avanço:** As funções de ativação começam na camada de entrada na fase avançada e terminam na camada de saída.
- **Estágio de retrocesso:** No estágio de retrocesso, os valores de peso e viés são modificados de acordo com a necessidade do modelo. Nesta fase, o erro entre a saída real e a exigida tem origem na camada de saída e termina na camada de entrada.

Assim, um modelo perceptron de várias camadas é considerado como uma rede neural artificial múltipla com várias camadas em que a função de ativação não é linear, à semelhança de um modelo perceptron de camada única. Em vez de linear, a função de ativação pode ser executada como sigmoide, TanH, ReLU, etc., para implantação.

Um modelo perceptron de várias camadas tem maior capacidade de processamento e pode processar padrões lineares e não lineares. Além disso, pode também implementar portas lógicas como AND, OR, XOR, NAND, NOT, XNOR, NOR.

Vantagens do Perceptron de Múltiplas Camadas:

- Um modelo perceptron de várias camadas pode ser utilizado para resolver problemas complexos não lineares.
- Funciona bem com dados de entrada pequenos e grandes.
- Ajuda-nos a obter previsões rápidas após a formação.
- Ajuda a obter o mesmo rácio de precisão com dados grandes e pequenos.

Desvantagens do Perceptron de Múltiplas Camadas:

- No perceptron de várias camadas, os cálculos são difíceis e demorados.
- No Perceptron de várias camadas, é difícil prever o quanto a variável dependente afecta cada variável independente.
- O funcionamento do modelo depende da qualidade da formação.

1. 9 Descida de Gradiente Estocástico (SGD)

O Gradient Descent é um processo de otimização iterativo que procura o valor ótimo de uma função objetivo (mínimo/máximo). É um dos métodos mais utilizados para alterar os parâmetros de um modelo, a fim de reduzir uma função de custo em projectos de aprendizagem automática.

O principal objetivo da descida do gradiente é identificar os parâmetros do modelo que proporcionam a máxima precisão nos conjuntos de dados de treino e de teste. Na descida de gradiente, o gradiente é um vetor que aponta na direção geral da subida mais acentuada da função num determinado ponto. O algoritmo pode descer gradualmente para valores mais baixos da função, movendo-se na direção oposta do gradiente, até atingir o mínimo da função.

Tipos de descida de gradiente:

Normalmente, existem três tipos de Gradient Descent:

1. Descida de gradiente em lote
2. Descida de Gradiente Estocástico
3. Descida de gradiente em mini-batch

Descida de Gradiente Estocástico (SGD):

A Descida de Gradiente Estocástica (SGD) é uma variante do algoritmo de Descida de Gradiente utilizada para otimizar modelos de aprendizagem automática. Aborda a ineficiência computacional dos métodos tradicionais de Gradiente Descendente quando se lida com grandes conjuntos de dados em projectos de aprendizagem automática.

No SGD, em vez de utilizar todo o conjunto de dados para cada iteração, apenas um único exemplo de treino aleatório (ou um pequeno lote) é selecionado para calcular o gradiente e atualizar os parâmetros do modelo. Esta seleção aleatória introduz aleatoriedade no processo de otimização, daí o termo "estocástico" em Gradiente Descendente Estocástico

A vantagem da utilização do SGD é a sua eficiência computacional, especialmente quando se trata de grandes conjuntos de dados. Ao utilizar um único exemplo ou um pequeno lote, o custo computacional por iteração é significativamente reduzido em comparação com os métodos tradicionais de Gradiente Descendente que requerem o processamento de todo o conjunto de dados.

Algoritmo de Gradiente Descendente Estocástico

- **Inicialização**: Inicializar aleatoriamente os parâmetros do modelo.
- **Definir parâmetros**: Determine o número de iterações e a taxa de aprendizagem (alfa) para atualizar os parâmetros.
- **Loop de gradiente descendente estocástico**: Repetir os passos seguintes até o modelo convergir ou atingir o número máximo de iterações:

a. Baralhar o conjunto de dados de treino para introduzir aleatoriedade.

b. Iterar sobre cada exemplo de treino (ou um pequeno lote) na ordem baralhada.

c. Calcular o gradiente da função de custo em relação aos parâmetros do modelo utilizando o exemplo de treino atual (ou lote).

d. Atualizar os parâmetros do modelo, dando um passo na direção do gradiente negativo, escalado pela taxa de aprendizagem.

e. Avaliar os critérios de convergência, como a diferença na função de custo entre iterações do gradiente.

- **Devolver parâmetros optimizados**: Quando os critérios de convergência forem cumpridos ou o número máximo de iterações for atingido, devolver os parâmetros optimizados do modelo.

No SGD, uma vez que apenas uma amostra do conjunto de dados é escolhida aleatoriamente para cada iteração, o caminho percorrido pelo algoritmo para atingir os mínimos é normalmente mais ruidoso do que o típico algoritmo de Gradiente Descendente. Mas isso não tem grande importância, porque o caminho percorrido pelo algoritmo não importa, desde que se atinja o mínimo e com um tempo de treino significativamente mais curto. O caminho percorrido pelo Batch Gradient Descent é apresentado na Figura 16.

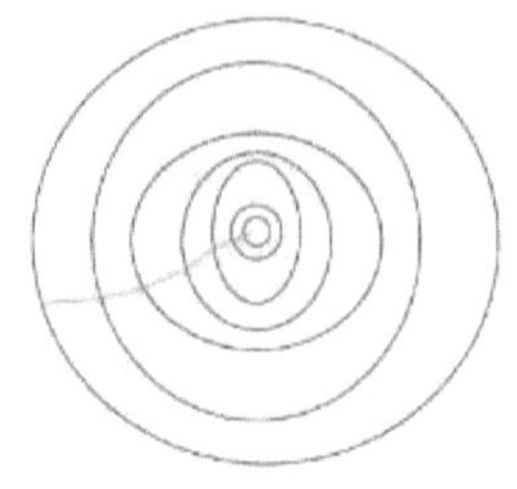

Fig. 16: Caminho de otimização do gradiente em lote

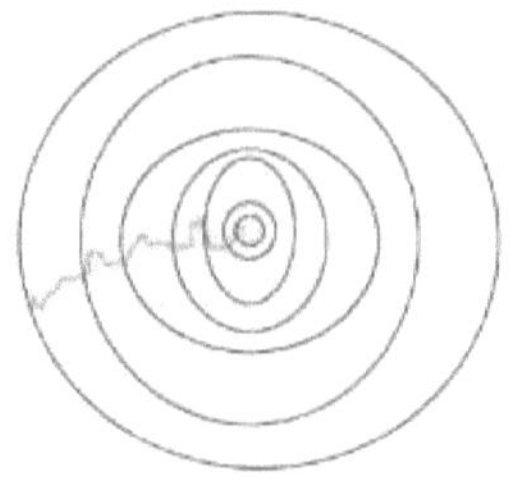

Fig. 17: Caminho de otimização do gradiente estocástico

A Figura 17 apresenta um percurso efectuado pelo método de gradiente descendente estocástico. Um aspeto a ter em conta é que, como o SGD é geralmente mais ruidoso do que a Descida do Gradiente típica, é normalmente necessário um maior número de iterações para atingir os mínimos, devido à aleatoriedade da sua descida. Apesar de necessitar de um maior número de iterações para atingir os mínimos do que a Descida de Gradiente típica, continua a ser computacionalmente muito menos dispendioso do que a Descida de Gradiente típica. Assim, na maioria dos cenários, o SGD é preferível ao Gradiente Descendente em Lote para otimizar um algoritmo de aprendizagem.

1. 10 Perceptron multicamada

Embora se tenha dito que o Perceptron podia representar qualquer circuito e lógica, a maior crítica foi o facto de não poder representar a porta XOR, *OU exclusivo*, em que a porta só devolve *1* se as entradas forem diferentes.

Isto foi provado quase uma década mais tarde por Minsky e Papert, em 1969[5] e realça o facto de o Perceptron, com apenas um neurónio, não poder ser aplicado a dados não lineares.

Perceptron multicamada

O **Perceptron Multicamadas** foi desenvolvido para fazer face a esta limitação. Trata-se de uma rede neural em que o mapeamento entre as entradas e as saídas não é linear.

Um Perceptron Multicamada tem camadas de entrada e saída e uma ou mais **camadas ocultas** com muitos neurónios empilhados. E enquanto no Perceptron o neurónio deve ter uma função de ativação que imponha um limiar, como ReLU ou sigmoide, os neurónios num Perceptron Multicamada podem utilizar qualquer função de ativação arbitrária.

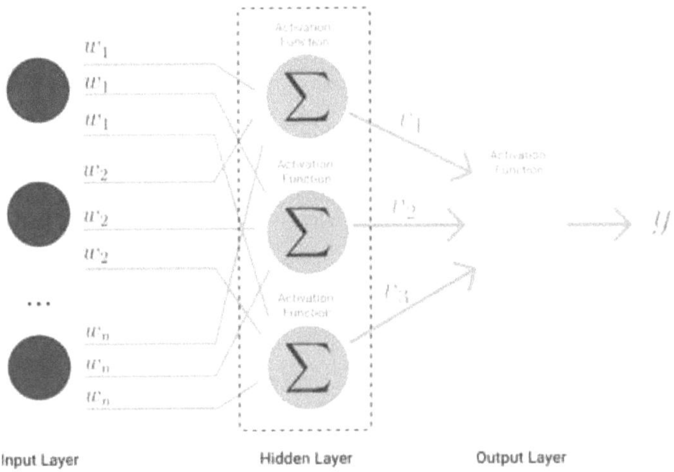

Fig 18: Perceptron de múltiplas camadas

O Perceptron multicamada pertence à categoria dos algoritmos feedforward, porque as entradas são combinadas com os pesos iniciais numa soma ponderada e sujeitas à função de ativação, tal como no Perceptron. Mas a diferença é que cada combinação linear é propagada para a camada seguinte.

Cada camada está *a alimentar* a seguinte com o resultado do seu cálculo, a sua representação interna dos dados. Isto passa pelas camadas ocultas até à camada de saída. Mas há mais do que isso.

Se o algoritmo apenas computasse as somas ponderadas em cada neurónio, propagasse os resultados para a camada de saída e parasse aí, não seria capaz de *aprender* os pesos que minimizam a função de custo. Se o algoritmo computasse apenas uma iteração, não haveria aprendizado real. É aqui que o Backpropagation entra em ação.

1. 11 Retropropagação

A retropropagação é o mecanismo de aprendizagem que permite ao Perceptron Multicamada ajustar iterativamente os pesos na rede, com o objetivo de minimizar a função de custo. Existe um requisito rígido para que a retropropagação funcione corretamente. A função que combina as entradas e os pesos num neurónio, por exemplo, a soma ponderada, e a função de limiar, por exemplo, ReLU, devem ser diferenciáveis. Estas funções têm de ter uma **derivada limitada**, porque o Gradiente Descendente é normalmente a função de otimização utilizada no Perceptron de Múltiplas Camadas.

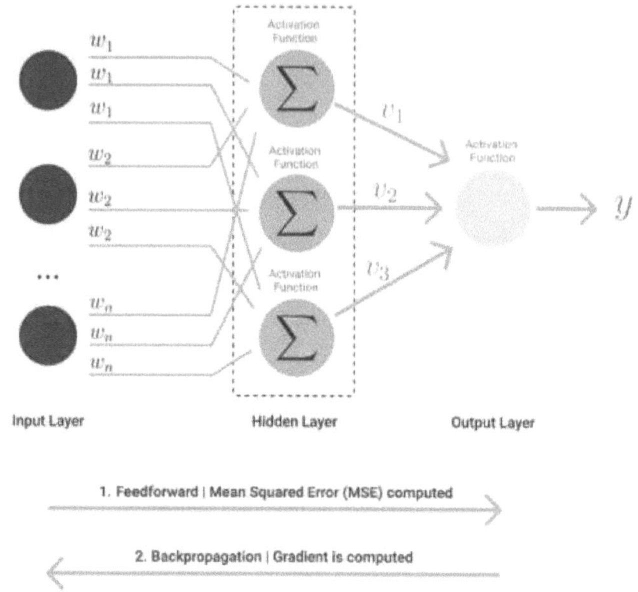

Fig. 19: Retropropagação

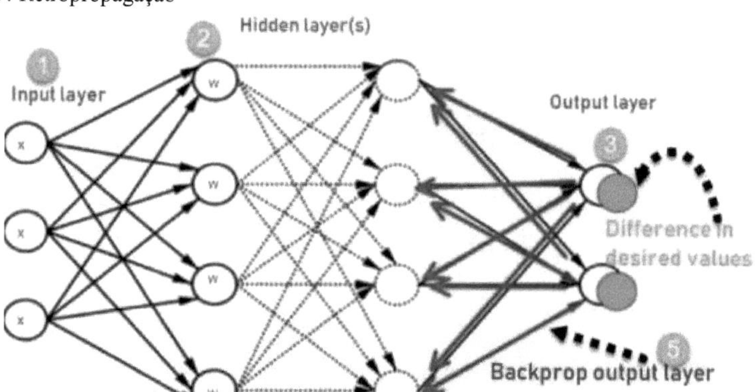

Fig 20: Backpropagation da saída para a camada oculta

O Multilayer Perceptron, destacando as etapas Feedfoward e Backpropagation, é apresentado nas Figuras 19 e 20.

Em cada iteração, depois de as somas ponderadas serem encaminhadas através de todas as camadas, o gradiente do **erro quadrático médio** é calculado em todos os pares de entrada e saída. Depois, para o propagar de volta, os pesos da primeira camada oculta são actualizados com o valor do gradiente. É assim que os pesos são propagados de volta ao ponto de partida da rede neural. O gradiente da corrente é calculado utilizando a fórmula apresentada na Figura 21.

$$\Delta_w(t) = -\varepsilon \frac{dE}{dw_{(t)}} + \alpha \Delta_{w(t-1)}$$

Fig. 21: Cálculo do gradiente

O algoritmo para uma iteração do Gradient Descent do backpropagation é apresentado de seguida.

1. As entradas X, chegam através do caminho pré-conectado.
2. A entrada é modelada utilizando pesos reais W. Os pesos são geralmente selecionados aleatoriamente.
3. Calcule a saída para cada neurónio da camada de entrada, para as camadas ocultas e para a camada de saída.
4. Calcular o erro nas saídas.

ErroB= Saída real - Saída desejada

5. Regressar da camada de saída para a camada oculta para ajustar os pesos de forma a diminuir o erro.

Este processo continua até que o gradiente para cada par entrada-saída tenha convergido, o que significa que o gradiente recentemente calculado não mudou mais do que um *limiar de convergência* especificado, em comparação com a iteração anterior.

1.11.1 Tipos de redes de retropropagação

Dois tipos de redes de retropropagação são:

- Retropropagação estática
- Retropropagação recorrente

Retropropagação estática:

É um tipo de rede de retropropagação que produz um mapeamento de uma entrada estática para uma saída estática. É útil para resolver problemas de classificação estática, como o reconhecimento ótico de caracteres.

Backpropagation recorrente:

A propagação regressiva recorrente na extração de dados é alimentada para a frente até ser atingido um valor fixo. Depois disso, o erro é calculado e propagado para trás.

A principal diferença entre estes dois métodos é o facto de o mapeamento ser rápido na retropropagação estática e não ser estático na retropropagação recorrente.

1.11.2 Diferença entre propagação feedforward e back propagation

Ao aprender sobre redes neuronais, irá deparar-se com dois termos essenciais que descrevem o movimento da informação - feedforward e backpropagation.

Propagação feedforward - o fluxo de informação ocorre na direção forward. A entrada é usada para calcular alguma função intermediária na camada oculta, que é então usada para calcular uma saída. Na propagação feedforward, a função de ativação é uma "porta" matemática entre a entrada que alimenta o neurónio atual e a saída que vai para a camada seguinte.

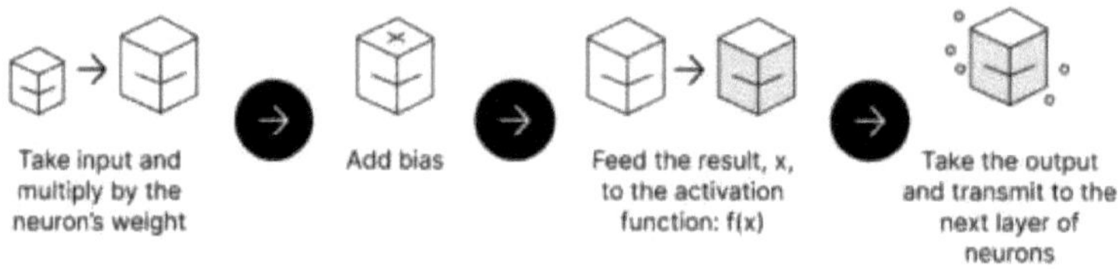

Fig. 22: Propagação feedforward

Retropropagação - os pesos das conexões da rede são ajustados repetidamente para minimizar a diferença entre o vetor de saída real da rede e o vetor de saída desejado. Simplificando, a retropropagação tem como objetivo minimizar a função de custo, ajustando os pesos e os enviesamentos da rede. Os gradientes da função de custo determinam o nível de ajuste em relação a parâmetros como a função de ativação, os pesos, a polarização, etc.

Se o backpropogation é um perceptron?

O algoritmo de retropropagação é um algoritmo de formação utilizado para ajustar os pesos de uma rede neural com base no erro calculado durante a passagem para a frente. É um componente crítico no treino de perceptrons multicamadas, incluindo o perceptron com retropropagação.

O algoritmo de retropropagação funciona propagando o erro da camada de saída para as camadas anteriores, ajustando os pesos em cada camada para minimizar o erro. Ele utiliza a regra da cadeia do cálculo para calcular o gradiente do erro em relação a cada peso e atualizar os pesos na direção oposta ao gradiente.

1. 12 Maldição da dimensionalidade

A aprendizagem automática pode analisar eficazmente dados com várias dimensões. No entanto, torna-se complexo desenvolver modelos relevantes à medida que o número de dimensões aumenta significativamente. Obtém-se resultados anormais quando se tenta analisar dados em espaços de elevada dimensão. Esta situação refere-se à **maldição da dimensionalidade na aprendizagem automática.** Representa a necessidade de mais esforços computacionais para processar e analisar um modelo de aprendizagem automática. Comecemos por perceber o que significam as dimensões neste contexto.

O que são dimensões?

As dimensões são caraterísticas que podem ser dependentes ou independentes. O conceito de dimensões no contexto da maldição da dimensionalidade torna-se mais fácil de compreender com a ajuda de um exemplo. Suponhamos que existe um conjunto de dados com 100 caraterísticas. Agora vamos supor que pretende construir vários modelos de aprendizagem automática a partir deste conjunto de dados. Os modelos podem ser modelo-1, modelo-2, ... modelo-100. A diferença entre estes modelos é o número de caraterísticas.

Suponhamos que construímos o modelo-1 com 3 caraterísticas e o modelo-2 com 5 caraterísticas (ambos os modelos têm o mesmo conjunto de dados). O modelo-2 tem mais informações do que o modelo-1 porque o seu número de caraterísticas é comparativamente mais elevado. Assim, a precisão do modelo-2 é superior à do modelo-1. Com o aumento do número de caraterísticas, a precisão do modelo aumenta. No entanto, após um valor limite específico, a precisão do modelo não aumenta, embora o número de caraterísticas aumente. Isto deve-se ao facto de um modelo ser alimentado com muita informação, tornando-o incompetente para treinar com informação correta.

O fenómeno em que a precisão de um modelo de aprendizagem automática diminui, apesar de se aumentar o número de caraterísticas após um determinado limiar, é designado por **maldição da dimensionalidade.**

Porque é que é difícil analisar dados de elevada dimensão?

Os seres humanos são ineficazes a encontrar padrões que podem abranger muitas dimensões. Quando são acrescentadas mais dimensões a um modelo de aprendizagem automática, aumenta a capacidade de processamento necessária para a análise de dados. Além disso, a adição de mais dimensões aumenta a quantidade de dados de treino necessários para criar modelos de dados com objectivos.

A **maldição da dimensionalidade na aprendizagem automática** é definida da seguinte forma,

À medida que o número de dimensões ou caraterísticas aumenta, a quantidade de dados necessários para generalizar com exatidão o modelo de aprendizagem automática aumenta exponencialmente. O aumento das dimensões torna os dados esparsos e aumenta a dificuldade de generalização do modelo. São necessários mais dados de treino para generalizar melhor esse modelo.

As dimensões mais elevadas conduzem a uma separação equidistante entre os pontos. Quanto mais elevadas forem as dimensões, mais difícil será a amostragem, porque a amostragem perde a sua aleatoriedade.

Torna-se mais difícil recolher observações se houver muitas caraterísticas. Estas dimensões fazem com que todas as observações no conjunto de dados sejam equidistantes de todas as outras observações. O agrupamento utiliza a distância euclidiana para medir a semelhança entre as observações. Os clusters significativos não podem ser formados se as distâncias forem equidistantes.

1.12.1 Como resolver a maldição da dimensionalidade?

Os seguintes métodos podem resolver a **maldição da dimensionalidade**.

Fenómeno Hughes

O fenómeno de Hughes afirma que, com o aumento do número de caraterísticas, o desempenho do classificador também aumenta até se atingir o número ótimo de caraterísticas. O desempenho do classificador degrada-se quando são adicionadas mais caraterísticas de acordo com o tamanho dos conjuntos de treino.

Vamos compreender o fenómeno de Hughes com um exemplo. Suponhamos que um conjunto de dados é constituído por todas as caraterísticas binárias. Suponhamos também que a dimensionalidade é 4, o que significa que existem 4 caraterísticas. Neste caso, o número de pontos de dados é 2^4 =16.

Se a dimensionalidade for 5, o número de pontos de dados será 2Λ5 = 32. Estes exemplos indicam que o número de pontos de dados aumenta exponencialmente com a dimensionalidade. Assim, o número de pontos de dados de que um modelo de aprendizagem automática necessita para treino é diretamente proporcional à dimensionalidade.

A partir do fenómeno de Hughes, conclui-se que, para um conjunto de dados de dimensão fixa, o aumento da dimensionalidade conduz a uma redução do desempenho de um modelo de aprendizagem automática.

A solução para o fenómeno de Hughes é a redução da dimensionalidade.

A "redução da dimensionalidade" é a conversão de dados de um espaço de elevada dimensão para um espaço de baixa dimensão. A ideia subjacente a esta conversão é deixar que a representação de baixa dimensão retenha algumas propriedades significativas dos dados. Estas propriedades serão quase idênticas às dimensões naturais dos dados. Em alternativa,

sugere-se a diminuição das dimensões do conjunto de dados.
Como é que a redução da dimensionalidade ajuda a resolver a maldição da dimensionalidade?

- Diminui as dimensões do conjunto de dados e, por conseguinte, diminui o espaço de armazenamento.
- Diminui significativamente o tempo de computação. Isto deve-se ao facto de um menor número de dimensões necessitar de menos tempo de computação e, em última análise, os algoritmos são treinados mais rapidamente do que anteriormente.
- Melhora a precisão dos modelos.
- Diminui a multicolinearidade.
- Simplifica o processo de visualização de dados. Além disso, identifica facilmente um padrão significativo no conjunto de dados porque a visualização no espaço 1D/2D/3D é bastante mais simples do que a visualização de mais dimensões.

Note-se que a Redução da Dimensionalidade é categorizada em dois tipos, ou seja, Seleção de Caraterísticas e Extração de Caraterísticas.

Técnica de aprendizagem profunda

A aprendizagem profunda não encontra as mesmas preocupações que outros algoritmos de aprendizagem automática quando se trata de aplicações de elevada dimensão. Este facto torna a modelação por Redes Neuronais bastante eficaz. A resistência da Rede Neuronal à maldição da dimensionalidade revela-se bastante útil em grandes volumes de dados.

A Hipótese de Manifold é uma teoria que justifica a forma como a aprendizagem profunda resolve **a maldição da dimensionalidade na extração de dados**. Esta teoria implica que os dados de elevada dimensão se sobrepõem num coletor de dimensão inferior que é equipado num espaço de dimensão superior.

Isto implica que, nos dados de elevada dimensão, existe um padrão fundamental em dimensões de nível inferior que as técnicas de aprendizagem profunda podem efetivamente manipular. Assim, para uma matriz de alta dimensão, as redes neuronais podem encontrar eficazmente caraterísticas de baixa dimensão que não existem no espaço de alta dimensão.

Utilização da semelhança de cossenos

O efeito de dimensões elevadas na **maldição da dimensionalidade na extração de dados** pode ser reduzido medindo exclusivamente a distância num vetor espacial. Especificamente, é possível utilizar a semelhança de cosseno para substituir a distância euclidiana. A semelhança de cosseno tem menos impacto nos dados em espaços de maior dimensão. A similaridade de cosseno é amplamente utilizada em word-to-vec, TF-IDF, etc.

A semelhança de cossenos pressupõe que as observações são efectuadas assumindo que os pontos estão distribuídos de forma aleatória e uniforme. Se os pontos não estiverem organizados de forma uniforme e aleatória, devem ser consideradas as seguintes condições.

i) O efeito da dimensionalidade é elevado quando os pontos estão densamente localizados e a dimensionalidade é elevada.

ii) O efeito da dimensionalidade é reduzido quando os pontos estão localizados de forma esparsa e a dimensionalidade é elevada.

APC

Uma das ferramentas convencionais capazes de resolver **a maldição da dimensionalidade** é a PCA (Análise de Componentes Principais). Converte os dados no espaço mais útil. Assim, permite a utilização de dimensões menores que são bastante instrutivas do que os dados originais. Na fase de pré-processamento, as relações não lineares entre os componentes de dados iniciais podem não ser mantidas porque a PCA é uma ferramenta linear.

Por outras palavras, a PCA é um algoritmo de redução de dimensionalidade linear que permite extrair um novo conjunto de variáveis de um enorme conjunto de variáveis conhecido como Componentes Principais.

É importante notar como os componentes principais são extraídos. O primeiro componente principal descreve a variância máxima no conjunto de dados. O segundo componente principal descreve outras variâncias no conjunto de dados; não está relacionado com o primeiro componente principal. O terceiro componente principal descreve a variância que não é descrita pelo primeiro e segundo componentes principais.

Em suma, a ACP encontra as melhores combinações lineares das variáveis para garantir que a dispersão dos pontos ou a variância da nova variável é máxima.

Capítulo 2

Introdução à aprendizagem profunda

2. 1 Contexto histórico e motivação da Aprendizagem Profunda

A nível concetual, a aprendizagem profunda é inspirada pelo cérebro, mas nem todos os pormenores do cérebro são relevantes. A título de comparação, os aviões foram inspirados nos pássaros. O princípio do voo é o mesmo, mas os pormenores são extremamente diferentes.

A história da aprendizagem profunda remonta a um domínio que mudou o seu nome para cibernética. Começou na década de 1940 com McCulloch e Pitts. Eles tiveram a ideia de que os neurónios são unidades de limiar com estados ligados e desligados. Podia-se construir um circuito booleano ligando os neurónios entre si e fazer inferência lógica com os neurónios. O cérebro é basicamente uma máquina de inferência lógica porque os neurónios são binários. Os neurónios calculam uma soma ponderada de entradas e comparam essa soma com o seu limiar. Ligam-se se estiverem acima do limiar e desligam-se se estiverem abaixo, o que constitui uma visão simplificada do funcionamento das redes neuronais.

Em 1947, Donald Hebb teve a ideia de que os neurónios no cérebro aprendem modificando a força das ligações entre os neurónios. A isto chama-se hiper-aprendizagem: se dois neurónios disparam juntos, a ligação entre eles aumenta; se não disparam juntos, a ligação diminui.

Mais tarde, em 1948, a cibernética foi proposta por Norbert Wiener, que é a ideia de que, ao termos sistemas com sensores e actuadores, temos um ciclo de feedback e um sistema autorregulador. As regras do mecanismo de feedback de um automóvel provêm todas deste trabalho.

Em 1957, Frank Rosenblatt propôs o Perceptron, que é um algoritmo de aprendizagem que modifica os pesos de redes neurais muito simples.

De um modo geral, esta ideia de tentar construir máquinas intelectuais através da simulação de muitos neurónios nasceu na década de 1940, arrancou na década de 1950 e morreu completamente no final da década de 1960. As principais razões para o desaparecimento deste domínio em 1960 são

Os investigadores utilizaram neurónios que eram binários. No entanto, a forma de fazer funcionar o backpropagation é utilizar funções de ativação que sejam contínuas. Nessa altura, os investigadores não tinham a ideia de utilizar neurónios contínuos e não pensavam que podiam treinar com gradientes porque os neurónios binários não são diferenciais.

Com neurónios contínuos, seria necessário multiplicar a ativação de um neurónio por um peso para obter uma contribuição para a soma ponderada. No entanto, antes de 1980, a multiplicação de dois números, especialmente números de vírgula flutuante, era extremamente lenta. Isto resultou num outro incentivo para evitar a utilização de neurónios contínuos.

A Aprendizagem Profunda voltou a arrancar em 1985 com o aparecimento da retropropagação. Em 1995, o campo morreu novamente e a comunidade de aprendizagem automática abandonou a ideia das redes neuronais. No início de 2010, as pessoas começaram a utilizar as redes de neurónios no reconhecimento da fala, com uma enorme melhoria do desempenho, e mais tarde estas redes foram amplamente utilizadas no domínio comercial. Em 2013, a visão computacional começou a mudar para as redes de neurónios. Em 2016, ocorreu a mesma transição no processamento de linguagem natural. Em breve, ocorrerão revoluções semelhantes na robótica, no controlo e em muitos outros domínios.

Aprendizagem supervisionada

90% das aplicações de aprendizagem profunda utilizam a aprendizagem supervisionada. A aprendizagem supervisionada é um processo pelo qual se recolhe um conjunto de pares de entradas e saídas e as entradas são introduzidas numa máquina para aprender a saída correta. Quando a saída está correta, não se faz nada. Se a saída estiver errada, ajustamos o parâmetro da máquina e corrigimos a saída para a que pretendemos. O truque aqui é saber em que direção e em que medida se ajusta o parâmetro e isto remete para o cálculo do gradiente e para a retropropagação.

A aprendizagem supervisionada deriva do Perceptron e do Adaline. O Adaline baseia-se na mesma arquitetura com entradas ponderadas; quando está acima do limiar, liga-se e abaixo do limiar, desliga-se. O Perceptron é uma rede de neurónios de 2 camadas em que a segunda camada é treinável e a primeira camada é fixa. Na maioria das vezes, a primeira camada é determinada aleatoriamente e é a isso que se chama camadas associativas.

História do Reconhecimento de Padrões e introdução à Descida de Gradientes

O que precede é a base concetual do reconhecimento de padrões antes do desenvolvimento da aprendizagem profunda. O modelo padrão de reconhecimento de padrões consiste num extrator de caraterísticas e num classificador treinável. A entrada vai para o extrator de caraterísticas, extraindo caraterísticas úteis relevantes das entradas, como a deteção de um olho quando o objetivo é reconhecer o rosto. Em seguida, o vetor de caraterísticas é enviado para o classificador treinável para calcular a soma ponderada e compará-la com o limiar. Neste caso, um classificador treinável pode ser um perceptron ou uma rede neural simples. O problema é que o extrator de caraterísticas deve ser concebido à mão. O que significa que o reconhecimento de padrões/visão computacional se concentra no extrator de caraterísticas, considerando a forma de o conceber para um determinado problema, não se dedicando muito a um classificador treinável.

Após o aparecimento e o desenvolvimento da aprendizagem profunda, o processo de duas fases mudou para as sequências de módulos. Cada módulo tem parâmetros ajustáveis e não-linearidade. Depois, empilham-se formando várias camadas. É por isso que se chama "aprendizagem profunda". A razão pela qual se utiliza a não linearidade em vez da linearidade é que duas camadas lineares podem ser uma camada linear, uma vez que a composição de duas camadas lineares é linear.

A arquitetura multicamadas mais simples com parâmetros sintonizáveis e não linearidade poderia ser: a entrada é representada como um vetor, como uma imagem ou um áudio. Esta entrada é multiplicada pela matriz de pesos cujo coeficiente é um parâmetro sintonizável. Em seguida, cada componente do vetor resultante passa por uma função não linear, como a ReLU. Repetindo este processo, torna-se uma rede neural básica. A razão pela qual se chama rede neural é que esta arquitetura calcula a soma ponderada dos componentes da entrada pelas linhas correspondentes de uma matriz.

Voltando ao ponto da aprendizagem supervisionada, estamos a comparar o resultado resultante com o resultado pretendido e, em seguida, optimizamos a função objetivo que é a perda, calculando uma distância/penalidade/divergência entre o resultado e o objetivo. Depois, calcula-se a média desta função de custo sobre o conjunto de treino. Este é o objetivo que queremos minimizar. Por outras palavras, queremos encontrar o valor dos parâmetros que minimizam esta média.

O método para o encontrar é o cálculo do gradiente. Por exemplo, se estivermos perdidos numa montanha lisa numa noite de nevoeiro e quisermos ir para a aldeia no vale. Uma forma

de o fazer é dar a volta e ver qual é o caminho mais íngreme para descer e depois dar um pequeno passo para baixo. A direção é o gradiente (negativo). Partindo do princípio de que o vale é convexo, podemos chegar ao vale.
A forma mais eficiente é a chamada Descida de Gradiente Estocástico (SGD). Uma vez que pretendemos minimizar a perda média no conjunto de treino, recolhemos uma amostra ou um pequeno grupo de amostras e calculamos o erro, utilizando depois a descida do gradiente. Em seguida, pegamos numa nova amostra e obtemos um novo valor para o erro, obtendo depois o gradiente que, normalmente, tem uma direção diferente. Duas das principais razões para utilizar o SGD são o facto de ajudar um modelo a convergir rapidamente empiricamente se o conjunto de treino for muito grande e de permitir uma melhor generalização, o que significa obter um desempenho semelhante em vários conjuntos de dados.
Cálculo de gradientes por retropropagação
O cálculo de gradientes por retropropagação é uma aplicação prática da regra da cadeia. Note-se que em vez de entradas escalares, serão entradas vectoriais. Mais geralmente, entradas multidimensionais. A retropropagação permite calcular a derivada da diferença entre a saída desejada e a saída obtida (que é o valor da função objetivo) em relação a qualquer valor dentro da rede. Finalmente, a retropropagação é essencial, pois se aplica a várias camadas.
É importante considerar a forma de interpretar as entradas. Por exemplo, uma imagem de 256 x 256 exigiria uma matriz de 200.000 valores. Estas seriam matrizes enormes que as camadas da rede neural teriam de manipular. Seria impraticável utilizar tais matrizes. Por isso, é importante fazer hipóteses sobre a estrutura da matriz.
Representação hierárquica do córtex visual
As experiências de Fukushima permitiram-nos compreender como é que o nosso cérebro interpreta a informação que chega aos nossos olhos. Em resumo, descobriu-se que os neurónios à frente da nossa retina comprimem a entrada (conhecida como normalização do contraste) e o sinal viaja dos nossos olhos para o nosso cérebro. Depois disso, a imagem é processada por etapas e certos neurónios são activados para determinadas categorias. Assim, o córtex visual faz o reconhecimento de padrões de uma forma hierárquica.
Experiências em que os investigadores colocaram eléctrodos em áreas específicas do córtex visual, especificamente na área V1, fizeram com que os investigadores se apercebessem de que certos neurónios reagem a motivos que aparecem numa área muito pequena de um campo visual e de forma semelhante com neurónios vizinhos e áreas vizinhas no campo visual. Além disso, os neurónios que reagem ao mesmo campo visual reagem a diferentes tipos de arestas de forma organizada (por exemplo, arestas verticais ou horizontais). É importante notar que existe também a ideia de que o processo visual é essencialmente um processo de feed forward. Por conseguinte, é possível efetuar um reconhecimento rápido sem algumas ligações recorrentes.

2. 2 Problema do gradiente de fuga

O problema do gradiente de desaparecimento é um fenómeno que ocorre durante o treino de redes neuronais profundas, em que os gradientes utilizados para atualizar a rede se tornam extremamente pequenos ou "desaparecem" à medida que são retropropagados das camadas de saída para as camadas anteriores.
Durante o processo de formação da rede neural, o objetivo é minimizar uma função de perda, ajustando os pesos da rede.
O algoritmo de retropropagação calcula estes gradientes propagando o erro da camada de

saída para a camada de entrada.

Como é que sabe se o seu modelo está a sofrer do problema do gradiente de fuga?

Eis alguns sinais que são indicadores de que o seu problema está a sofrer do problema do gradiente de fuga:

- Os parâmetros das camadas superiores alteram-se muito, enquanto os parâmetros das camadas inferiores quase não se alteram (ou não se alteram de todo).
- Os pesos do modelo podem tornar-se 0 durante o treino.
- O modelo aprende a um ritmo particularmente lento e o treino pode estagnar numa fase muito inicial, após apenas algumas iterações.

Qual é a causa do problema do gradiente de fuga?

O problema do desaparecimento do gradiente é causado pelo facto de, durante o processo de retropropagação, o gradiente das camadas iniciais (as camadas mais próximas da camada de entrada) ser derivado pela multiplicação dos gradientes das camadas posteriores (as camadas mais próximas da camada de saída). Assim, se os gradientes das camadas posteriores forem inferiores a um, a sua multiplicação desaparece a um ritmo particularmente rápido.

Porque é que o problema do gradiente de fuga é significativo?

O problema do desaparecimento do gradiente faz com que os gradientes diminuam. Mas, se um gradiente for pequeno, não será possível atualizar eficazmente os pesos e os enviesamentos das camadas iniciais em cada sessão de treino.

Estas camadas iniciais são vitais para o reconhecimento dos elementos centrais dos dados de entrada, pelo que, se os seus pesos e desvios não forem devidamente actualizados, é possível que toda a rede seja imprecisa.

Como é que se ultrapassa o problema do gradiente de fuga?

Seguem-se alguns métodos propostos para ultrapassar o problema do gradiente de fuga:

a. Redes neurais residuais (ResNets)
b. Hierarquia multinível
c. Memória de curto prazo longa (LSTM)
d. ReLU
e. Normalização de lotes
f. Inicialização do peso
g. Recorte de gradiente
h. Saltar ligações
i. Arquitecturas fechadas
j. Profundidade de rede reduzida
k. Hardware mais rápido

a. Redes neurais residuais (ResNets)

As ResNets utilizam ligações de salto para aprender o mapeamento residual, permitindo um fluxo de gradiente mais fácil e uma formação eficiente de redes neurais profundas.

b. Unidade linear rectificada (ReLU)

O ReLU evita os problemas de saturação de funções como a tangente sigmoide ou a tangente hiperbólica, que podem fazer com que os gradientes desapareçam.

A ReLU permite um melhor fluxo de gradientes, promovendo uma formação mais eficaz das redes profundas. c. Hierarquia multinível

A hierarquia multinível envolve o pré-treinamento de uma única camada de cada vez e, em seguida, a execução de retropropagação para o ajuste fino.

d. Memória de curto prazo longa

Os LSTMs são concebidos para captar as dependências a longo prazo, permitindo que a informação persista ao longo de muitos passos no tempo, incorporando as células de memória e os mecanismos de gating.

Isto permite o treino eficaz de redes recorrentes profundas e a modelação de dependências temporais complexas em dados sequenciais.

e. Normalização de lotes

É uma técnica que normaliza as activações dentro de cada lote mínimo durante o treino.

Ajuda a reduzir os desvios internos e assegura uma propagação mais estável do gradiente.

f. Inicialização do peso

A inicialização dos pesos com valores adequados minimiza a possibilidade de os gradientes se tornarem demasiado pequenos ou demasiado grandes.

Técnicas como a inicialização Xavier/Glorot definem os pesos iniciais com base nas entradas e saídas da rede, garantindo uma inicialização mais equilibrada e estável.

g. Recorte de gradiente

É uma técnica em que os gradientes são reescalonados para o limiar máximo durante a retropropagação.

Se os gradientes excederem os limiares, são reduzidos para evitar que explodam.

h. Saltar ligações

Fornece ligações diretas entre camadas, permitindo que os gradientes contornem várias camadas durante a retropropagação.

i. Arquitecturas fechadas

Arquitecturas como a Long Short-Term Memory (LSTM) e a Gated Recurrent Unit (GRU) incorporam mecanismos de gating que controlam seletivamente o fluxo de informação dentro da rede.

Estas arquitecturas permitem que a rede retenha e propague informações relevantes durante longas sequências.

As GRUs foram concebidas para ultrapassar as limitações das RNNs tradicionais, fornecendo soluções eficientes para modelar os dados sequenciais.

Conseguem-no através da incorporação de mecanismos de gating (semelhantes aos das redes LSTM), mas com uma arquitetura mais simples.

j. Profundidade de rede reduzida

As redes menos profundas têm caminhos mais curtos para a propagação de gradientes, reduzindo a probabilidade de os gradientes desaparecerem ou explodirem.

2. 3 Capacidade, sobreajuste e subajuste

3. 3. 1 Overfitting na aprendizagem automática

O sobreajuste refere-se a um modelo que modela demasiado bem os dados de treino.

O sobreajustamento ocorre quando um modelo aprende os pormenores e o ruído nos dados de treino ao ponto de afetar negativamente o desempenho do modelo em novos dados. Isto significa que o ruído ou as flutuações aleatórias nos dados de treino são captados e aprendidos como conceitos pelo modelo. O problema é que estes conceitos não se aplicam a novos dados e afectam negativamente a capacidade de generalização do modelo.

O sobreajuste é mais provável com modelos não paramétricos e não lineares que têm mais flexibilidade na aprendizagem de uma função-alvo. Como tal, muitos algoritmos de aprendizagem automática não paramétricos também incluem parâmetros ou técnicas para limitar e restringir a quantidade de pormenores que o modelo aprende.

Por exemplo, as árvores de decisão são um algoritmo de aprendizagem automática não paramétrico que é muito flexível e está sujeito a um sobreajuste dos dados de formação. Este problema pode ser resolvido através da poda de uma árvore após a sua aprendizagem, a fim de remover alguns dos pormenores que esta tenha recolhido.

Nota:

Enviesamento e variância na aprendizagem automática

- **Viés**: Suposições feitas por um modelo para tornar uma função mais fácil de aprender. Na realidade, é **a taxa de erro dos dados de treino**. Quando a taxa de erro tem um valor elevado, chamamos-lhe Polarização elevada e quando a taxa de erro tem um valor baixo, chamamos-lhe Polarização baixa.
- **Variância**: **A diferença entre a taxa de erro dos dados de treino e dos dados de teste é designada por variância.** Se a diferença for elevada, chama-se variância elevada e quando a diferença nos erros é baixa, chama-se variância baixa. Normalmente, queremos obter uma variância baixa para generalizar o nosso modelo.

Razões para o sobreajuste:

1. Elevada variância e baixo enviesamento.
2. O modelo é demasiado complexo.
3. O tamanho dos dados de treino.

Técnicas para reduzir o sobreajuste

1. Aumentar os dados de formação.
2. Reduzir a complexidade do modelo.
3. Paragem precoce durante a fase de treino (controlar as perdas durante o período de treino, logo que as perdas comecem a aumentar, parar o treino).
4. Regularização Ridge e Regularização Lasso.
5. Utilizar o abandono de redes neurais para combater o sobreajuste.

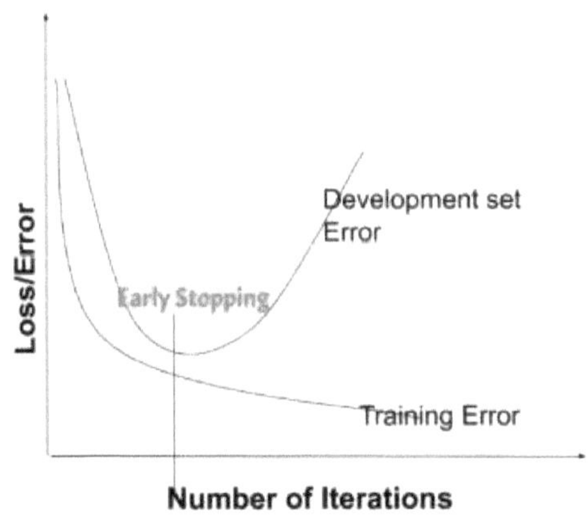

Fig 2.1: Erro vs número de Iterações

2. 3. 2 Subajuste na aprendizagem automática

A subadaptação refere-se a um modelo que não consegue modelar os dados de treino nem generalizar para novos dados.

Um modelo de aprendizagem automática subadaptado não é um modelo adequado e será óbvio, uma vez que terá um fraco desempenho nos dados de treino.

O subajustamento não é frequentemente discutido, uma vez que é fácil de detetar com uma boa métrica de desempenho. A solução é seguir em frente e experimentar algoritmos de aprendizagem automática alternativos. No entanto, este problema oferece um bom contraste com o problema do sobreajuste.

Razões para a subadaptação

1. Elevada tendência e baixa variância.
2. O tamanho do conjunto de dados de treino utilizado não é suficiente.
3. O modelo é demasiado simples.
4. Os dados de treino não são limpos e também contêm ruído.

Técnicas para reduzir a subadaptação

1. Aumentar a complexidade do modelo.
2. Aumentar o número de caraterísticas, realizando a engenharia de caraterísticas.
3. Remover o ruído dos dados.
4. Aumente o número de épocas ou aumente a duração do treino para obter melhores resultados.

Um bom ajuste na aprendizagem automática

Idealmente, pretende-se selecionar um modelo no ponto ideal entre o subajuste e o sobreajuste.

Este é o objetivo, mas é muito difícil de concretizar na prática. Para compreender este objetivo, podemos analisar o desempenho de um algoritmo de aprendizagem automática ao longo do tempo, à medida que este vai aprendendo os dados de treino. Podemos traçar tanto a competência nos dados de treino como a competência num conjunto de dados de teste que retivemos do processo de treino.

Ao longo do tempo, à medida que o algoritmo aprende, o erro do modelo nos dados de treino diminui e o mesmo acontece com o erro no conjunto de dados de teste. Se treinarmos durante demasiado tempo, o desempenho no conjunto de dados de treino pode continuar a diminuir, porque o modelo está a sobreajustar-se e a aprender os detalhes irrelevantes e o ruído no conjunto de dados de treino. Ao mesmo tempo, o erro para o conjunto de teste começa a aumentar novamente à medida que a capacidade de generalização do modelo diminui.

O ponto ideal é o ponto imediatamente antes de o erro no conjunto de dados de teste começar a aumentar, quando o modelo tem boas capacidades tanto no conjunto de dados de treino como no conjunto de dados de teste não visto.

Pode efetuar esta experiência com os seus algoritmos de aprendizagem automática favoritos. Na prática, esta técnica não é muitas vezes útil, porque ao escolher o ponto de paragem para a formação utilizando a competência no conjunto de dados de teste, significa que o conjunto de teste já não é "invisível" ou uma medida objetiva autónoma. Algum conhecimento (muito conhecimento útil) sobre esses dados foi introduzido no processo de formação.

Existem duas técnicas adicionais que podem ser utilizadas para ajudar a encontrar o ponto ideal na prática: métodos de reamostragem e um conjunto de dados de validação.

Como limitar o sobreajuste

Tanto o sobreajuste como o subajuste podem conduzir a um fraco desempenho do modelo. Mas o problema mais comum na aprendizagem automática aplicada é, de longe, o sobreajuste. O sobreajuste é um problema porque a avaliação dos algoritmos de aprendizagem automática nos dados de treino é diferente da avaliação que mais nos interessa, nomeadamente o desempenho do algoritmo em dados não vistos.

Existem duas técnicas importantes que podem ser utilizadas na avaliação de algoritmos de aprendizagem automática para limitar o sobreajuste:

- Utilizar uma técnica de reamostragem para estimar a exatidão do modelo.
- Retém um conjunto de dados de validação.

A técnica de reamostragem mais popular é a validação cruzada k-fold. Permite-lhe treinar e testar o seu modelo k vezes em diferentes subconjuntos de dados de treino e construir uma estimativa do desempenho de um modelo de aprendizagem automática em dados não vistos.

Um conjunto de dados de validação é simplesmente um subconjunto dos seus dados de treino que não pode ser utilizado pelos seus algoritmos de aprendizagem automática até ao final do seu projeto. Depois de ter selecionado e ajustado os algoritmos de aprendizagem automática no conjunto de dados de treino, pode avaliar os modelos aprendidos no conjunto de dados de validação para obter uma ideia objetiva final do desempenho dos modelos em dados não vistos.

A utilização da validação cruzada é um padrão de ouro na aprendizagem automática aplicada para estimar a precisão do modelo em dados não vistos. Se tiver os dados, a utilização de um conjunto de dados de validação também é uma prática excelente.

2. 3. 3 Capacidade

A capacidade de um modelo de rede neural de aprendizagem profunda controla o âmbito dos tipos de funções de mapeamento que é capaz de aprender.

Um modelo com capacidade insuficiente não consegue aprender o conjunto de dados de treino, o que significa que o ajuste será insuficiente, ao passo que um modelo com capacidade excessiva pode memorizar o conjunto de dados de treino, o que significa que o ajuste será excessivo ou pode ficar bloqueado ou perder-se durante o processo de otimização.

A capacidade de um modelo de rede neural é definida através da configuração do número de nós e do número de camadas.

O objetivo de uma rede neuronal é aprender a mapear exemplos de entrada para exemplos de saída.

As redes neuronais aprendem funções de mapeamento. A capacidade de uma rede refere-se à gama ou âmbito dos tipos de funções que o modelo pode aproximar.

Informalmente, a capacidade de um modelo é a sua capacidade de se adaptar a uma grande variedade de funções.

Um modelo com menos capacidade pode não ser capaz de aprender suficientemente o conjunto de dados de treino. Um modelo com mais capacidade pode modelar mais tipos diferentes de funções e pode ser capaz de aprender uma função para mapear suficientemente as entradas para as saídas no conjunto de dados de treino. Ao passo que um modelo com demasiada capacidade pode memorizar o conjunto de dados de treino e não conseguir generalizar ou perder-se ou ficar preso na procura de uma função de mapeamento adequada.

De um modo geral, podemos pensar na capacidade do modelo como um controlo sobre a probabilidade de o modelo se ajustar mal ou mal a um conjunto de dados de treino.

A capacidade de uma rede neuronal pode ser controlada por dois aspectos do modelo:

- Número de nós.
- Número de camadas.

Um modelo com mais nós ou mais camadas tem uma capacidade maior e, por sua vez, é potencialmente capaz de aprender um conjunto maior de funções de mapeamento.

Um modelo com mais camadas e mais unidades ocultas por camada tem maior **capacidade de representação** - é capaz de representar funções mais complicadas.

O número de nós numa camada é referido como a **largura**.

O desenvolvimento de redes largas com uma camada e muitos nós foi relativamente simples.

Em teoria, uma rede com nós suficientes na única camada oculta pode aprender a aproximar qualquer função de mapeamento, embora, na prática, não saibamos quantos nós são suficientes ou como treinar esse modelo.
O número de camadas de um modelo é designado por **profundidade**.
O aumento da profundidade aumenta a capacidade do modelo. O treino de modelos profundos, por exemplo, os que têm muitas camadas ocultas, pode ser computacionalmente mais eficiente do que o treino de uma rede de camada única com um grande número de nós.

2. 4 Funções de ativação: RELU, LRELU, ERELU

- A principal função de uma função de ativação é introduzir a não linearidade numa rede neuronal. Uma forma de ver isto é que, sem uma função de ativação não linear, uma rede neuronal comportar-se-á exatamente como um perceptron de camada única; não importa quantas camadas tenha.
- Esta função de ativação é uma função não linear, como a função sigmoide, que aceita uma entrada linear e dá uma saída não linear.

A função de ativação mais simples é designada por ativação linear, em que não é aplicada qualquer transformação. Uma rede composta apenas por funções de ativação linear é muito fácil de treinar, mas não consegue aprender funções de mapeamento complexas. As funções de ativação linear ainda são utilizadas na camada de saída para redes que prevêem uma quantidade (por exemplo, problemas de regressão).
As funções de ativação não lineares são preferidas porque permitem que os nós aprendam estruturas mais complexas nos dados. Tradicionalmente, duas funções de ativação não lineares muito utilizadas são as funções de ativação **sigmoide** e **tangente hiperbólica**.
A função de ativação sigmoide, também designada por função logística, é tradicionalmente uma função de ativação muito popular nas redes neuronais. A entrada para a função é transformada em um valor entre 0,0 e 1,0. As entradas muito maiores que 1,0 são transformadas no valor 1,0; da mesma forma, valores muito menores que 0,0 são transformados em 0,0. A forma da função para todas as entradas possíveis é uma forma de S de zero até 0,5 e 1,0. Durante muito tempo, até ao início dos anos 90, foi a ativação predefinida utilizada nas redes neuronais.
A função tangente hiperbólica, ou tanh, é uma função de ativação não linear de formato semelhante que produz valores entre -1,0 e 1,0. No final da década de 1990 e durante a década de 2000, a função tanh foi preferida em relação à função de ativação sigmoide, uma vez que os modelos que a utilizavam eram mais fáceis de treinar e tinham frequentemente um melhor desempenho de previsão.
Um problema geral com as funções sigmoide e tanh é o facto de saturarem. Isto significa que valores grandes se ajustam a 1.0 e valores pequenos se ajustam a -1 ou 0 para tanh e sigmoid respetivamente. Além disso, as funções só são realmente sensíveis a alterações em torno do ponto médio da sua entrada, como 0,5 para sigmoide e 0,0 para tanh.
A sensibilidade limitada e a saturação da função ocorrem independentemente do facto de a ativação somada do nó fornecido como entrada conter ou não informações úteis. Uma vez saturada, torna-se um desafio para o algoritmo de aprendizagem continuar a adaptar os pesos para melhorar o desempenho do modelo.
As unidades sigmoidais saturam na maior parte do seu domínio - saturam para um valor elevado quando z é muito positivo, saturam para um valor baixo quando z é muito negativo, e só são fortemente sensíveis à sua entrada quando z está próximo de 0.

Por último, à medida que a capacidade do hardware aumentava através das GPU, as redes neuronais muito profundas que utilizam funções de ativação sigmoide e tanh não podiam ser facilmente treinadas.
As camadas profundas de grandes redes que utilizam estas funções de ativação não lineares não recebem informações úteis sobre o gradiente. O erro é retropropagado através da rede e utilizado para atualizar os pesos. A quantidade de erro diminui drasticamente com cada camada adicional através da qual é propagado, dada a derivada da função de ativação escolhida. Este é o chamado problema do gradiente decrescente e impede que as redes profundas (multi-camadas) aprendam eficazmente.
Os gradientes desaparecidos tornam difícil saber em que direção os parâmetros se devem mover para melhorar a função de custo
- Como corrigir gradientes de desaparecimento utilizando a função de ativação linear rectificada
Embora a utilização de funções de ativação não lineares permita que as redes neuronais aprendam funções de mapeamento complexas, estas impedem efetivamente que o algoritmo de aprendizagem funcione com redes profundas.
Função de ativação linear rectificada
Para utilizar a descida gradiente estocástica com retropropagação de erros para treinar redes neurais profundas, é necessária uma função de ativação que pareça e actue como uma função linear, mas que seja, de facto, uma função não linear que permita aprender relações complexas nos dados.
A função deve também proporcionar uma maior sensibilidade à entrada da soma de ativação e evitar uma saturação fácil.
A solução já andava a circular no terreno há algum tempo, mas só foi posta em evidência quando os artigos de 2009 e 2011 a revelaram.
A solução é utilizar a função de ativação linear rectificada, ou ReL para abreviar.
Um nó ou unidade que implementa essa função de ativação é chamado de **unidade de ativação linear retificada**, ou ReLU. Muitas vezes, as redes que utilizam a função de retificação para as camadas ocultas são designadas por redes rectificadas. A adoção da ReLU pode facilmente ser considerada um dos poucos marcos na revolução da aprendizagem profunda, por exemplo, as técnicas que permitem agora o desenvolvimento rotineiro de redes neuronais muito profundas.

ReLU

Apesar do nome e da aparência, não é linear e oferece os mesmos benefícios que Sigmoid (ou seja, a capacidade de aprender funções não lineares), mas com melhor desempenho. A função de ativação linear rectificada é um cálculo simples que devolve diretamente o valor fornecido como entrada, ou o valor 0,0 se a entrada for 0,0 ou menos.

$$R(z) = \begin{Bmatrix} z & z > 0 \\ 0 & z <= 0 \end{Bmatrix}$$

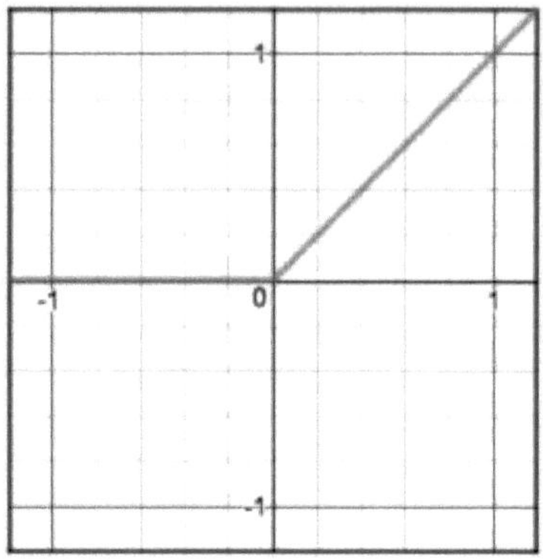

Fig 2.2: Função de ativação ReLU

Prós

- Evita e rectifica o problema do gradiente de fuga.
- O ReLu é menos dispendioso do ponto de vista computacional do que o tanh e o sigmoide porque envolve operações matemáticas mais simples.

Contras

- Uma das suas limitações é o facto de só poder ser utilizado nas camadas ocultas de um modelo de rede neural.
- Alguns gradientes podem ser frágeis durante o treino e podem morrer. Isso pode causar uma atualização do peso que fará com que nunca mais seja ativado em nenhum ponto de dados. Por outras palavras, o ReLu pode resultar em neurónios mortos.
- Por outras palavras, para activações na região (x<0) de ReLu, o gradiente será 0, pelo que os pesos não serão ajustados durante a descida. Isto significa que os neurónios que entrarem nesse estado deixarão de responder a variações no erro/entrada (simplesmente porque o gradiente é 0, nada muda). Este é o chamado problema ReLu moribundo.
- O alcance de ReLu é [[0,OT)[0,OT). Isto significa que pode fazer explodir a ativação.

FugasReLU

O LeakyRelu (LReLU) é uma variante do ReLU. Em vez de ser 0 quando z<0, uma ReLU com fugas permite um gradiente pequeno, diferente de zero e constante a(Normalmente, α=0,01). No entanto, a consistência do benefício em todas as tarefas não é atualmente clara.

$$R(z) = \begin{Bmatrix} z & z > 0 \\ \alpha z & z <= 0 \end{Bmatrix}$$

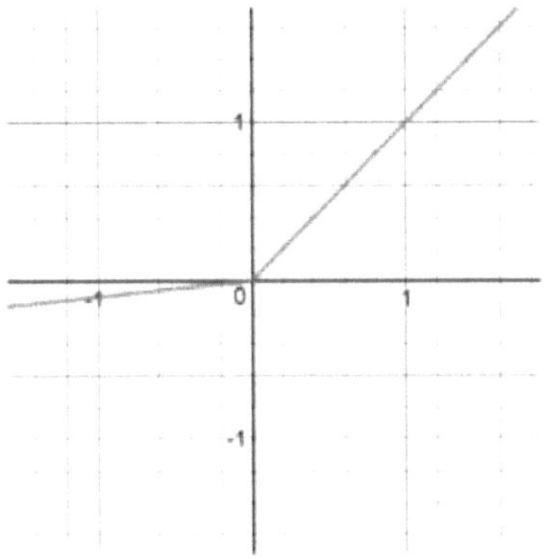

Fig 2.4: Função de ativação do LReLU

Prós

- As ReLUs com fugas são uma tentativa de resolver o problema das "ReLUs moribundas" através de um pequeno declive negativo (de 0,01, mais ou menos).

Contras

- Como possui linearidade, não pode ser utilizado para a classificação complexa. Fica atrás do Sigmoide e do Tanh em alguns casos de utilização.

[O problema do ReLU moribundo ocorre quando vários neurónios produzem apenas um valor de zero. Isso acontece principalmente quando a entrada é negativa. Isso oferece uma vantagem de esparsidade da rede para o ReLU, mas cria um grande problema quando a maioria das entradas para os neurónios é negativa. Basicamente, isso leva ao pior cenário possível, quando toda a rede morre e só resta uma função constante].

Unidade Linear Elástica Rectificada (EReLU)

Uma ReLU Elástica (EReLU) considera um declive retirado aleatoriamente de uma distribuição uniforme durante o treino para as entradas positivas, de modo a controlar a quantidade de não linearidade.

$$R(z) = \begin{cases} Kz & z > 0 \\ 0 & z \leq 0 \end{cases}$$

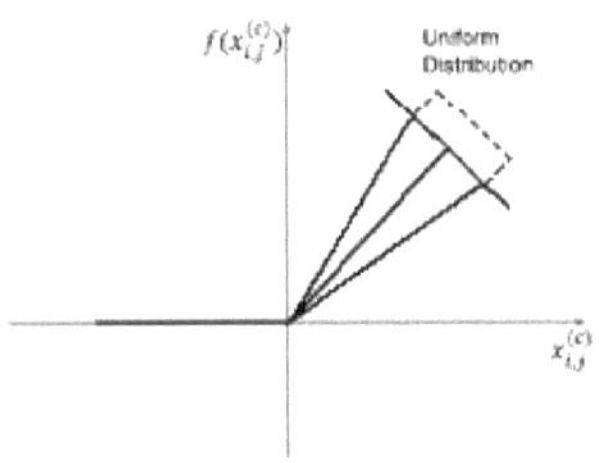

Fig 2.5: Função de ativação do EReLU

2. 5 Regularização - Dropout e Dropconnect

O abandono é uma técnica em que os neurónios selecionados aleatoriamente são ignorados durante o treino. Eles são "abandonados" aleatoriamente. Isto significa que a sua contribuição para a ativação dos neurónios a jusante é temporariamente removida na passagem para a frente e quaisquer actualizações de peso não são aplicadas ao neurónio na passagem para trás. À medida que uma rede neuronal vai aprendendo, os pesos dos neurónios vão-se adaptando ao seu contexto dentro da rede. Os pesos dos neurónios são ajustados para caraterísticas específicas, proporcionando alguma especialização. Os neurónios vizinhos passam a depender dessa especialização, o que, se for levado longe demais, pode resultar num modelo frágil e demasiado especializado nos dados de treino. Esta dependência do contexto de um neurónio durante o treino é designada ***por co-adaptações complexas***.

Pode imaginar-se que, se os neurónios forem retirados aleatoriamente da rede durante o treino, outros neurónios terão de intervir e lidar com a representação necessária para fazer previsões para os neurónios em falta. Acredita-se que isso resulte em múltiplas representações internas independentes aprendidas pela rede.

O efeito é que a rede se torna menos sensível aos pesos específicos dos neurónios. Isso, por sua vez, resulta em uma rede que é capaz de uma melhor generalização e tem menos probabilidade de se ajustar demais

os dados de treino.

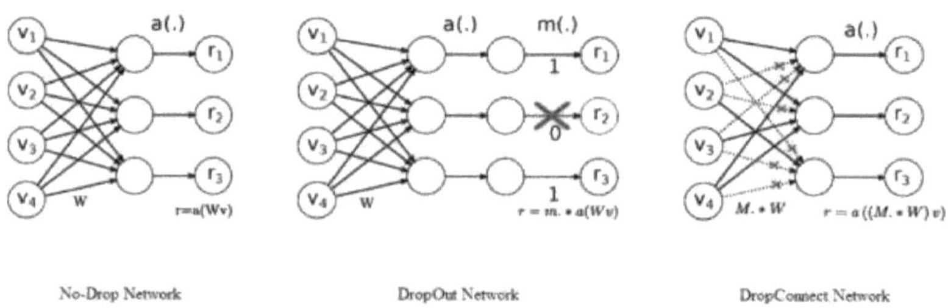

Fig 2.6: Rede No-Drop, Dropout e DropConnect

O DropConnect generaliza o Dropout, eliminando aleatoriamente os pesos em vez das activações com uma probabilidade de *1-p* . O DropConnect é semelhante ao Dropout, uma vez que introduz uma esparsidade dinâmica no modelo, mas difere na medida em que a esparsidade está nos pesos *W*, em vez de nos vectores de saída de uma camada. Por outras palavras, a camada totalmente ligada com DropConnect torna-se uma camada escassamente ligada em que as ligações são escolhidas aleatoriamente durante a fase de treino. Note-se que isto não é equivalente a definir *W* como uma matriz esparsa fixa durante o treino. Para uma camada DropConnect, a saída é dada como:

$r = a((M*W)v)$

Aqui *r* é a saída de uma camada, *v* é a entrada para uma camada, *W* são parâmetros de peso e *M* é uma matriz binária que codifica a informação de ligação. Cada elemento da máscara *M* é desenhado independentemente para cada exemplo durante o treino, instanciando essencialmente uma conetividade diferente para cada exemplo visto. Para além disso, os enviesamentos também são mascarados durante o treino.

2. 9. Métodos de otimização para redes neuronais - Adagrad, adadelta, rmsprop, adam, NAG

A descida de gradiente é o método de otimização mais utilizado nos algoritmos de aprendizagem automática e de aprendizagem profunda. É utilizado para treinar um modelo de aprendizagem automática

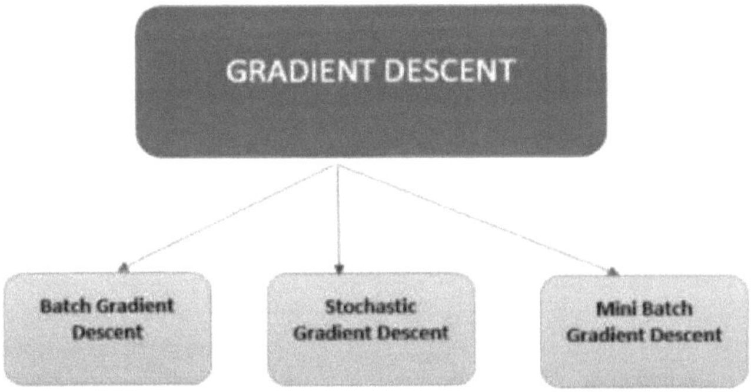

Fig 2.7: Tipos de Gradiente Descendente

Existem três tipos principais de descida de gradiente utilizados nos algoritmos modernos de aprendizagem automática e de aprendizagem profunda.

Descida de gradiente em lote

A descida de gradiente em lote é o tipo mais simples. Calcula o erro para cada exemplo no conjunto de dados de treino, no entanto, só actualiza o modelo depois de todos os exemplos de treino terem sido avaliados.

Descida de Gradiente Estocástico

A Descida do Gradiente Estocástico calcula o erro e actualiza o modelo para cada exemplo no conjunto de dados de treino.

Descida de gradiente em miniatura

Mini Batch Gradient Descent em vez de percorrer todos os exemplos, soma um número menor de exemplos com base no tamanho do lote e efectua uma atualização para cada um desses lotes.

Capítulo 3

Redes Neuronais Convolucionais

No mundo acelerado da **visão por computador** e do **processamento de imagens**, há um problema que se destaca constantemente: a capacidade de **reconhecer e classificar imagens de** forma eficaz. À medida que continuamos a digitalizar e a automatizar o nosso mundo, a procura de sistemas que possam compreender e interpretar dados visuais está a crescer a um ritmo sem precedentes. O desafio não é apenas reconhecer imagens - é fazê-lo de forma precisa e eficiente. Os métodos tradicionais de aprendizagem automática são muitas vezes insuficientes, pois têm dificuldade em lidar com a complexidade e a elevada dimensionalidade dos dados de imagem. É aqui que **as Redes Neuronais Convolucionais (CNN)** vêm em socorro.

3.1 Arquitetura da CNN

As arquitecturas CNN são o quadro de aprendizagem profunda mais popular. As CNNs demonstraram um sucesso notável na resolução do problema do reconhecimento de imagens, proporcionando um novo nível de precisão e escalabilidade. Mas nem todas as CNNs são criadas da mesma forma, e entender os diferentes tipos de arquiteturas CNN é fundamental para aproveitar todo o seu potencial. Nesta publicação do blogue, discutiremos cada tipo de arquitetura CNN em pormenor e daremos exemplos de como estes modelos funcionam. Mesmo antes de aprendermos sobre os diferentes tipos de arquitetura CNN, vamos recordar brevemente o que é a CNN em primeiro lugar?

O que é a CNN?

As Redes Neuronais Convolucionais, normalmente designadas por CNN, são um tipo especializado de arquitetura de rede neuronal concebida para processar dados com uma topologia semelhante a uma grelha. Isto torna-as particularmente adequadas para **lidar com dados espaciais e temporais**, como **imagens** e **vídeos** que mantêm um elevado grau de correlação entre elementos adjacentes. As CNNs são semelhantes a outras redes neurais, mas têm uma camada adicional de complexidade devido ao facto de utilizarem uma **série de camadas convolucionais**. As camadas convolucionais executam uma **operação matemática** chamada **convolução**, uma espécie de **multiplicação de matriz especializada**, nos dados de entrada. A operação de convolução ajuda a preservar a relação espacial entre os pixéis, aprendendo as caraterísticas da imagem utilizando pequenos quadrados dos dados de entrada. A figura abaixo representa uma arquitetura típica de uma CNN

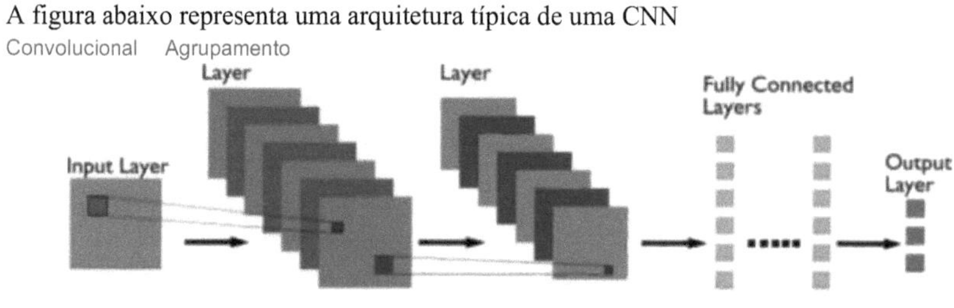

Fig 3.1: Arquitetura da CNN

Seguem-se as definições dos diferentes níveis apresentados na arquitetura acima:

Camadas convolucionais

As camadas convolucionais funcionam fazendo deslizar um conjunto de "filtros" ou "kernels" pelos dados de entrada. Cada filtro é concebido para detetar uma caraterística ou padrão específico, como arestas, cantos ou formas mais complexas no caso de camadas mais profundas. À medida que estes filtros se deslocam pela imagem, geram um mapa que indica as áreas onde essas caraterísticas foram encontradas. **A saída da camada convolucional é um mapa de caraterísticas**, que é uma representação da imagem de entrada com os filtros aplicados. As camadas convolucionais podem ser empilhadas para criar modelos mais complexos, que podem aprender mais caraterísticas complexas a partir de imagens. Em termos simples, as camadas convolucionais são responsáveis pela extração de caraterísticas das imagens de entrada. Estas caraterísticas podem incluir arestas, cantos, texturas ou padrões mais complexos.

Camadas de pooling

As camadas de pooling seguem-se às camadas convolucionais e são utilizadas para **reduzir a dimensão espacial da entrada**, tornando-a mais fácil de processar e exigindo menos memória. No contexto das imagens, as "dimensões espaciais" referem-se à largura e à altura da imagem. Uma imagem é composta por pixels e pode ser vista como uma grelha, com linhas e colunas de pequenos quadrados (pixels). Ao reduzir as dimensões espaciais, as camadas de agrupamento **ajudam a reduzir o número de parâmetros ou pesos** na rede. Isto ajuda a **combater o sobreajuste** e a treinar o modelo de forma rápida. O agrupamento máximo ajuda a reduzir a complexidade computacional devido à redução do tamanho do mapa de caraterísticas e a tornar o modelo invariável a pequenas transições. Sem o max pooling, a rede não ganharia a capacidade de reconhecer caraterísticas independentemente de pequenas mudanças ou rotações. Isto tornaria o modelo menos robusto a variações no posicionamento do objeto dentro da imagem, afectando possivelmente a precisão.

Existem dois tipos principais de agrupamento: agrupamento **máximo** e **agrupamento médio**. O pooling máximo utiliza o valor máximo de cada mapa de caraterísticas. Por exemplo, se o tamanho da janela de agrupamento for 2*2, será selecionado o pixel com o valor mais elevado nessa região 2*2. O pooling máximo capta efetivamente a caraterística mais proeminente dentro da janela de pooling. O agrupamento médio calcula a média de todos os valores dentro da janela de agrupamento. Proporciona uma representação suave e média das caraterísticas.

Camadas totalmente conectadas

As camadas totalmente conectadas são um dos tipos mais básicos de camadas numa rede neural convolucional (CNN). Tal como o nome sugere, cada neurónio de uma camada totalmente ligada está totalmente ligado a todos os outros neurónios da camada anterior. As camadas totalmente ligadas são normalmente utilizadas no final de uma CNN - quando o objetivo é pegar nas caraterísticas aprendidas pelas camadas convolucionais e de max pooling e utilizá-las para fazer previsões, tais como classificar a entrada num rótulo. Por exemplo, se estivéssemos a utilizar uma CNN para classificar imagens de animais, a camada final totalmente ligada poderia pegar nas caraterísticas aprendidas pelas camadas anteriores e utilizá-las para classificar uma imagem como contendo um cão, um gato, um pássaro, etc.

As camadas totalmente conectadas pegam a saída de alta dimensão das camadas convolucionais e de pooling anteriores e a achatam em um vetor unidimensional. Isto permite que a rede combine e integre todas as caraterísticas extraídas em toda a imagem, em vez de considerar caraterísticas localizadas. Ajuda a compreender o contexto global da imagem. As camadas totalmente conectadas são responsáveis pelo mapeamento das caraterísticas integradas para o resultado desejado, como rótulos de classe em tarefas de classificação. Elas atuam como a parte final de tomada de decisão da rede, determinando o significado das caraterísticas extraídas no contexto do problema específico (por exemplo, reconhecer um gato

ou um cachorro).
A combinação da camada de convolução seguida da camada de pooling máximo e depois de conjuntos semelhantes cria uma hierarquia de caraterísticas. A primeira camada detecta padrões simples e as camadas subsequentes baseiam-se nesses padrões para detetar padrões mais complexos.
As CNN são frequentemente utilizadas para tarefas de reconhecimento e classificação de imagens. Por exemplo, as CNN podem ser utilizadas para identificar objectos numa imagem ou para classificar uma imagem como sendo de um gato ou de um cão. As CNNs também podem ser utilizadas para tarefas mais complexas, como gerar descrições de uma imagem ou identificar os pontos de interesse numa imagem. Para além dos dados de imagem, as CNNs também podem lidar com dados de séries temporais, como dados de áudio ou mesmo dados de texto, embora outros tipos de redes, como as redes neurais recorrentes (RNNs) ou transformadores, sejam frequentemente preferidos para estes cenários. As CNNs são uma ferramenta poderosa para a aprendizagem profunda e têm sido utilizadas para obter resultados de ponta em muitas aplicações diferentes.

3.2 Tipos de camadas

Uma CNN é constituída pelas seguintes camadas,

- **Camada de entrada:** Esta camada recebe os dados de entrada em bruto, como os pixéis de uma imagem. Cada nó desta camada representa uma caraterística dos dados, que codificam e transmitem os dados para as camadas seguintes.
- **Camada(s) convolucional(ais):** Estas camadas aplicam operações convolucionais aos dados recebidos da camada de entrada. O objetivo destas camadas é detetar padrões na entrada utilizando filtros e representar a informação aprendida em mapas de caraterísticas.
- **Camada de ativação:** Depois de aplicar as operações convolucionais, é aplicada uma função de ativação aos mapas de caraterísticas para introduzir a não linearidade na CNN.
- **Camadas de agrupamento:** Estas camadas reduzem as dimensões espaciais dos dados, mantendo a informação crucial. Esta redução de dimensões é também conhecida por downsampling. Estas camadas serão abordadas na secção seguinte.
- **Camadas convolucionais e de ativação adicionais:** As CNNs consistem normalmente em várias pilhas destas camadas para aprender caraterísticas hierárquicas mais complexas.
- **Camada de nivelamento:** Esta camada converte mapas de caraterísticas 2D em vectores 1D, uma vez que as camadas seguintes requerem uma entrada plana.
- **Camadas totalmente conectadas:** Estas camadas tomam decisões de alto nível com base nas caraterísticas extraídas dos dados de entrada.
- **Camada de saída:** Esta camada produz os outputs da rede com base nos dados processados nas camadas anteriores. O número de nós nestas camadas depende da tarefa que a rede tem de efetuar.

3.3 Camada convolucional

O processo começa por fazer deslizar um filtro concebido para detetar determinadas caraterísticas sobre a imagem de entrada, um processo conhecido como operação de convolução (daí o nome "rede neural convolucional"). Cada imagem é considerada como uma matriz de valores de pixéis. O resultado deste processo de convolução é um mapa de caraterísticas que realça a presença das caraterísticas detectadas na imagem.
Considere a seguinte imagem m x m cujos valores de pixel são 0 ou 1. Há também uma matriz de filtro com uma dimensão de n x n. Deslize a matriz de filtro sobre a imagem e calcule o produto escalar para obter a matriz de caraterísticas convolvida.

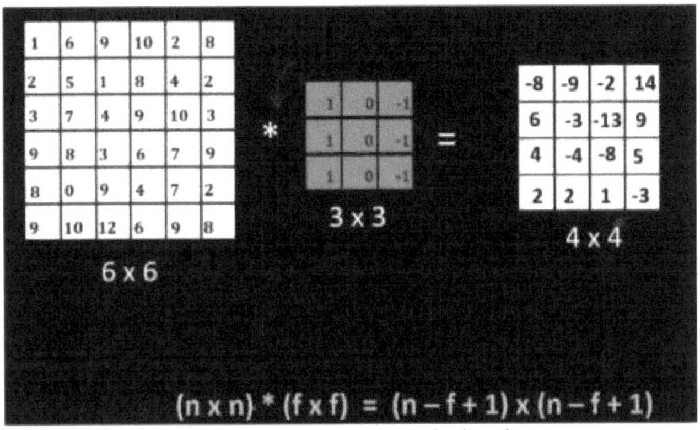

Fig 3.2: Operação convolucional

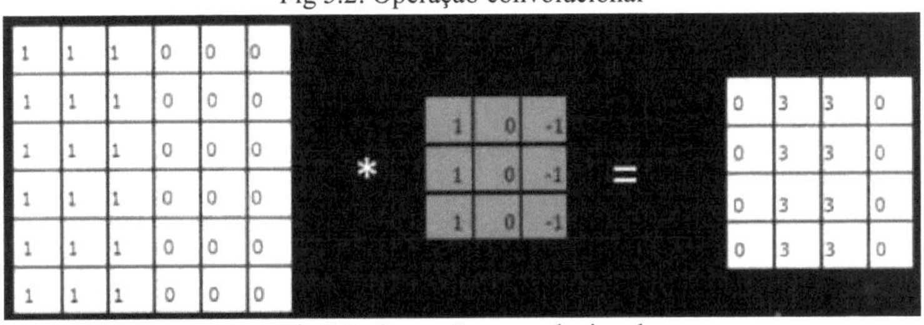

Fig 3.3: Operação convolucional

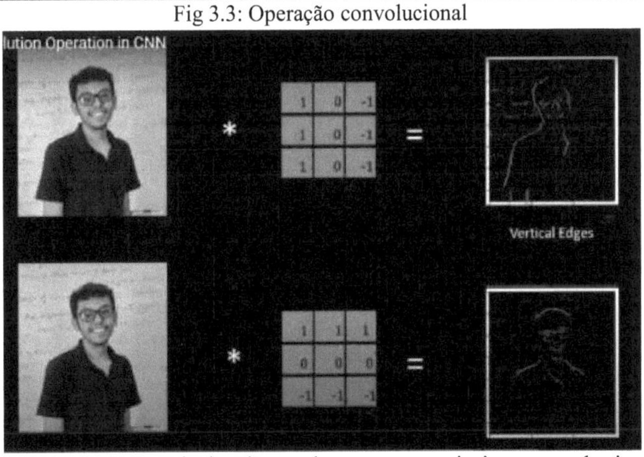

Fig 3.4: Operação convolucional para obter arestas verticais e arestas horizontais

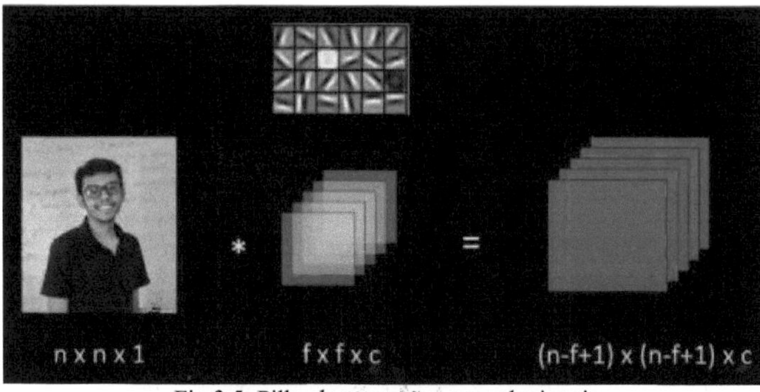

Fig 3.5: Pilha de operações convolucionais

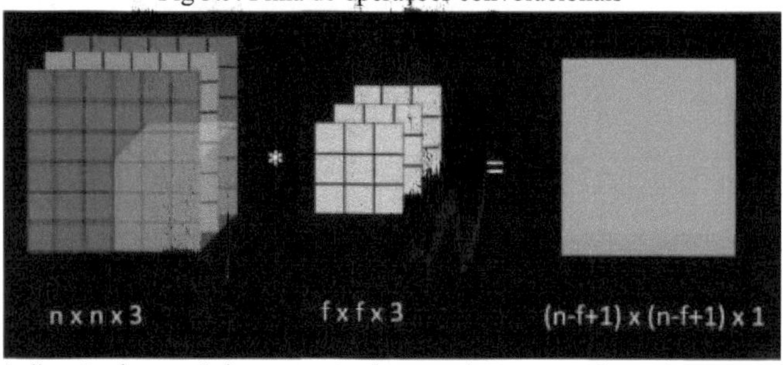

Fig 3.6: Aplicação de uma única operação de convolução em todas as imagens RGB n x n

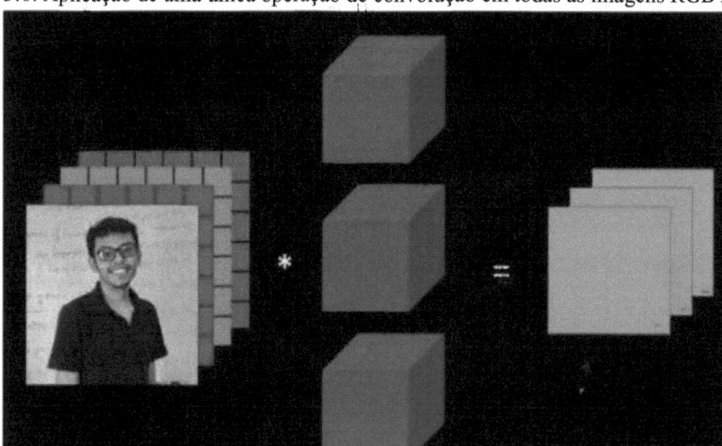

Fig 3.7: Aplicação de múltiplas operações de convolução em todas as imagens RGB n x n

Fig 3.8: Aplicação da operação de convolução - Tornar a imagem mais nítida

Fig 3.9: Aplicação da operação de convolução - Desfocar a imagem

Fig 3.10: Aplicação da operação de convolução - bordas da imagem

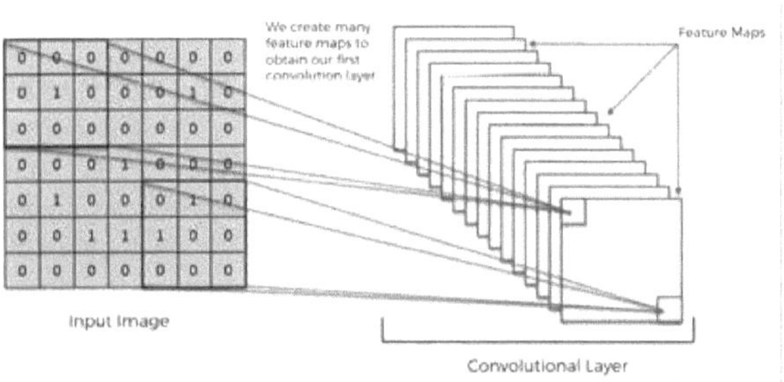

Fig. 3.11: Extração de várias caraterísticas através de várias operações de convolução

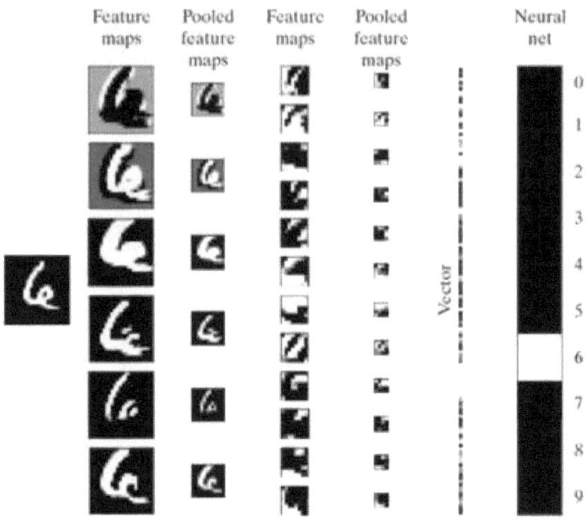

Fig 3.12: Fluxo de passos na CNN

3.4 Acolchoamento

O principal objetivo da rede é encontrar as camadas na imagem com a ajuda de convolucionais de caraterísticas importantes. No entanto, pode acontecer que algumas caraterísticas se encontrem no canto da imagem que o núcleo (extrator de caraterísticas) visita menos vezes. Assim, pode haver a possibilidade de se perderem algumas das informações importantes.

O preenchimento é a solução em que os pixéis extra estão à volta dos 4 cantos da imagem, o que aumenta o tamanho da imagem em 2. No entanto, deve ser feito da forma mais neutra possível, o que significa que não deve alterar as caraterísticas da imagem original de forma a complicar a aprendizagem da rede. Além disso, pode adicionar mais camadas, pois agora tem uma imagem maior.

Em termos simples, pode dizer-se que o preenchimento ajuda o kernel (extrator de caraterísticas) a visitar mais vezes os pixels da imagem à volta dos cantos para extrair caraterísticas importantes para uma melhor aprendizagem. Nas CNN, o preenchimento é aplicado antes de efetuar a operação de convolução. Quando um filtro analisa os dados de entrada, o preenchimento assegura que o filtro cobre corretamente as áreas de fronteira, permitindo uma extração de caraterísticas mais precisa. Considere a Figura 3.13, que ilustra o número de vezes que as células são consideradas numa operação de convolução. Para considerar uniformemente os pixels na operação de convolução, são colocados pixels extra à volta da imagem.

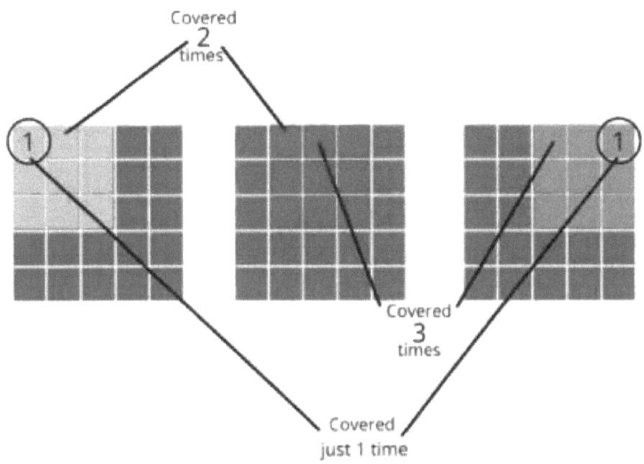

Fig. 3.13: Necessidade de enchimento

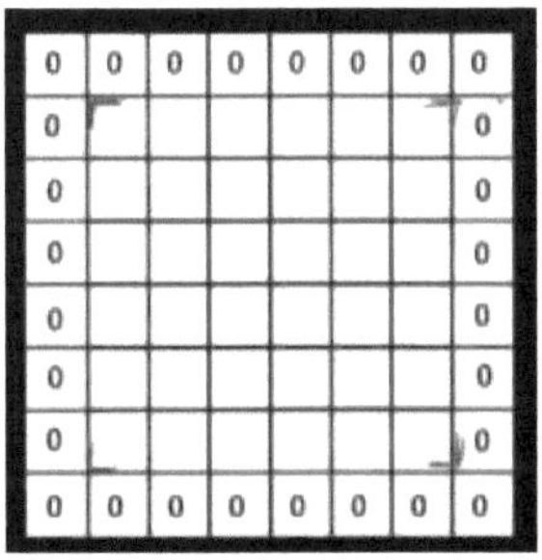

Fig. 3.14: Um pixel é colocado à volta da imagem.

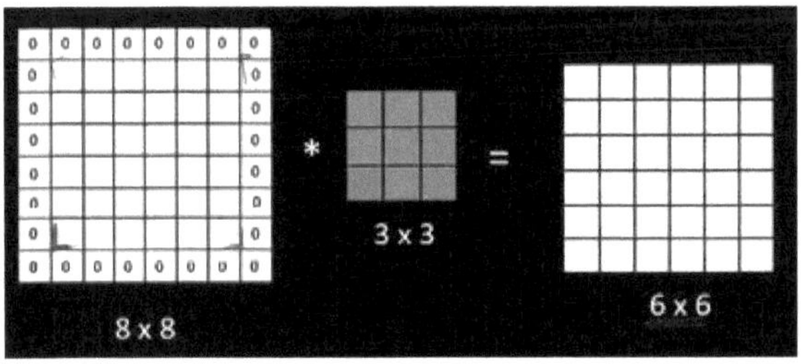

Fig. 3.15: Operação de convolução aplicada a uma imagem almofadada

3.5 Stride

Em termos simples, a passada é como dizer aos nossos filtros o tamanho dos passos que devem dar enquanto deslizam sobre a imagem numa direção. É semelhante à forma como decidimos dar grandes saltos ou pequenos passos quando jogamos jogos de saltos. Estes passos podem ser pequenos ou grandes. No mundo das CNNs, o Stride determina quantos quadrados ou pixéis os nossos filtros saltam quando se deslocam pela imagem, da esquerda para a direita e de cima para baixo. Por exemplo, considere o quadrado vermelho como um filtro. O computador vai utilizar este filtro para digitalizar a imagem.

Porque precisamos do Stride?

Stride é uma técnica de rede neural de convolução que tem duas caraterísticas principais. A primeira é reduzir o tamanho do mapa de caraterísticas de saída. Isto deve-se ao facto de o filtro apenas se sobrepor a um subconjunto do mapa de caraterísticas de entrada, pelo que o mapa de caraterísticas de saída será pequeno e ajuda a reduzir a complexidade computacional. A segunda é a sobreposição do campo recetivo. O campo recetivo é a área do mapa de caraterísticas de entrada que é utilizada para calcular a saída de um neurónio.

Por exemplo, um stride de 2 reduz a sobreposição dos campos receptivos para metade porque o filtro irá sobrepor-se a metade dos campos receptivos na camada anterior. Isto ajuda a evitar que a CNN aprenda caraterísticas redundantes.

Como é que o Stride funciona?

Suponhamos que uma rede neural convolucional está a analisar o conteúdo de uma imagem. Se o tamanho do filtro for 4x4 pixéis, os dezasseis pixéis contidos serão convertidos em 1 pixel na camada de saída. À medida que o passo aumenta, a saída resultante diminui.

Stride é um parâmetro que funciona em conjunto com o preenchimento. O preenchimento é a funcionalidade que coloca espaços em branco na moldura da imagem para minimizar a redução do tamanho na camada de saída. Na verdade, é uma forma de aumentar o tamanho de uma imagem para equilibrar o tamanho reduzido pelos strides. O padding e o stride são os fundamentos da CNN. O stride e o padding são comparados na Tabela 3.1.

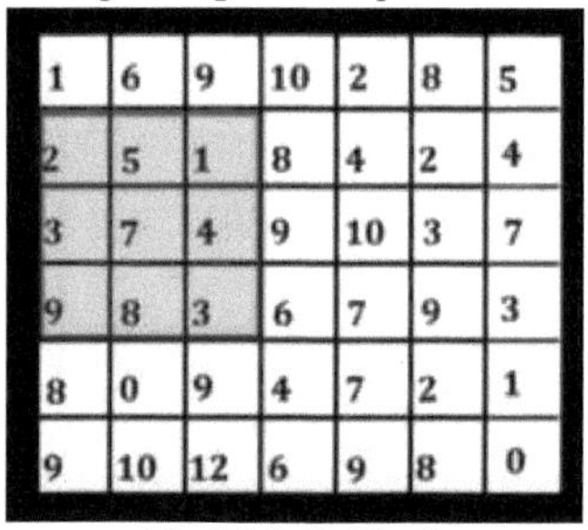

Fig 3.16: Stride=1

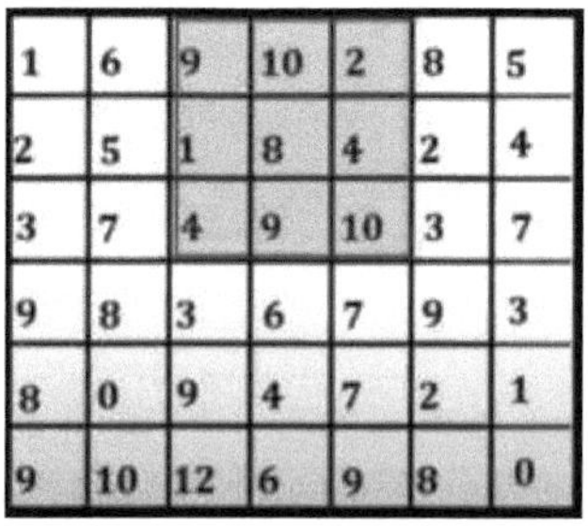

Fig 3.17: Quando Stride=2

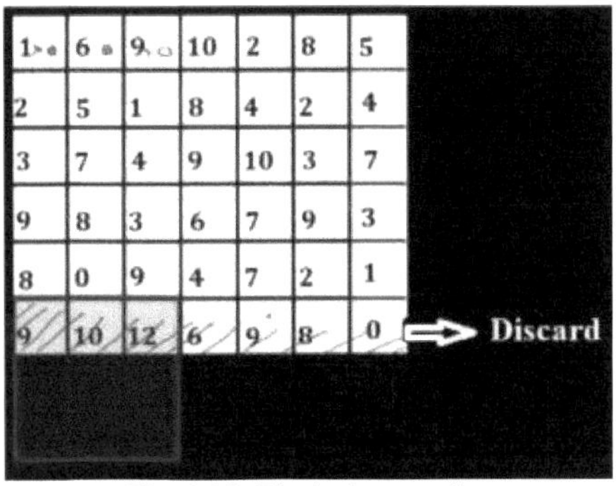

Fig. 3.18: Pixels descartados

Tabela 3.1: Comparação de Stride e Padding

Caraterística	**Stride**	**Acolchoamento**
Definição	O número de pixéis que o filtro move sobre a imagem de entrada de cada vez.	A adição de zeros à volta das margens da imagem de entrada.
Efeito no tamanho da imagem de saída	Um passo maior resulta numa imagem de saída mais pequena.	Não, mas afecta-o indiretamente ao aumentar o tamanho da imagem de entrada.
Valor por defeito	1	0
Complexidade computacional	Mais baixo para passos mais largos	Mais alto para passos mais largos
Capacidade de preservar os pormenores	Mais baixo para passos mais largos	Mais alto para passos mais largos
Capacidade de evitar a perda de informação	Inferior para preenchimento válido	Mais elevado para o mesmo enchimento

3.6 Agrupamento

As camadas convolucionais de uma CNN extraem caraterísticas dos dados de entrada e produzem mapas de caraterísticas com grandes dimensões espaciais que podem aumentar a complexidade computacional. A camada de pooling reduz as dimensões espaciais dos mapas de caraterísticas, preservando informações importantes. A camada de pooling utiliza um filtro bidimensional no mapa de caraterísticas de entrada para calcular os valores de saída para a região que cobre. O filtro desliza de região em região para cobrir todo o mapa de caraterísticas. Existem dois hiperparâmetros importantes para o filtro, que são os seguintes.

- Tamanho: Determina o tamanho da região considerada em cada passo.
- Stride: Determina o número de pixéis que o filtro irá mover após cada operação.

Dependendo da passada, as regiões podem ser sobrepostas ou não sobrepostas. As dimensões do mapa de caraterísticas de saída podem ser determinadas da seguinte forma

$$\textit{Dimensão da saída} = \frac{\text{Input Size} - \text{Filter Size}}{\text{Stride} + 1}$$

Tipos de operações de agrupamento

O valor de saída para cada região pode ser calculado utilizando as seguintes operações.

Agrupamento máximo: Esta operação capta a caraterística mais dominante numa região utilizando o valor máximo dentro dessa região.

Agrupamento de médias: Esta operação resulta numa representação suavizada de uma região, uma vez que o valor de saída é calculado através da média de todos os valores dentro da região.

Existe outro tipo de agrupamento, conhecido por agrupamento global. Nesta técnica, o mapa de caraterísticas de entrada é reduzido a um único valor através das operações de agrupamento acima referidas, de forma global, sem utilizar um filtro.

Fig 3.19: Max pooling de filtro de tamanho 2 x 2 e stride = 2

Fig 3.20: Agrupamento médio de filtros de tamanho 2 x 2 e stride = 2

Porque é que precisamos de camadas de pooling na CNN?

As camadas de pooling são uma parte importante das CNNs e são utilizadas pelas seguintes razões

Redução da dimensionalidade: As camadas de pooling são utilizadas principalmente para reduzir a dimensão espacial (largura e altura) dos mapas de caraterísticas gerados pelas camadas convolucionais, mantendo as informações importantes.

Redução do sobreajuste: As camadas de pooling adicionam uma forma de regularização aos dados de entrada, resumindo a informação em mapas de caraterísticas.

Aumento do campo recetivo: Os nós nas camadas mais profundas de uma CNN têm um campo recetivo maior, o que significa que podem percecionar regiões maiores da imagem de entrada. Isto é possível devido às camadas de pooling, que ajudam a captar dados hierárquicos complexos.

3.7 Diferentes tipos de arquitecturas CNN

Segue-se uma lista de diferentes tipos de arquitecturas CNN:

3. 7. 1 LeNet

A LeNet é a primeira arquitetura CNN. Foi desenvolvida em 1998 por Yann LeCun, Corinna Cortes e Christopher Burges para problemas de reconhecimento de dígitos manuscritos. A LeNet foi uma das primeiras CNN bem sucedidas e é frequentemente considerada o "Hello World" da aprendizagem profunda. É uma das arquitecturas de CNN mais antigas e mais utilizadas e tem sido aplicada com êxito a tarefas como o reconhecimento de dígitos manuscritos. A arquitetura LeNet consiste em várias camadas convolucionais e de pooling, seguidas de uma camada totalmente ligada. O modelo tem cinco camadas de convolução seguidas de duas camadas totalmente ligadas. A LeNet foi o início das CNN na aprendizagem profunda para problemas de visão computacional. No entanto, a LeNet não podia ser treinada corretamente devido ao problema dos gradientes que desaparecem. Para resolver este problema, é utilizada uma camada de ligação de atalho conhecida como maxpooling entre as camadas convolucionais para reduzir o tamanho espacial das imagens, o que ajuda a evitar o sobreajuste e permite que as CNN sejam treinadas de forma mais eficaz. A arquitetura da LeNet-5 é apresentada na Figura 3.21.

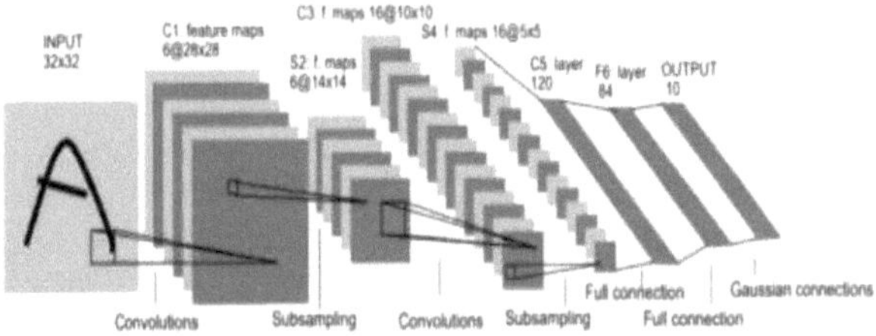

Fig 3.21: Arquitetura da LeNet-5

A LeNet CNN é um modelo simples mas poderoso que tem sido utilizado em várias tarefas, como o reconhecimento de dígitos manuscritos, o reconhecimento de sinais de trânsito e a deteção de rostos. Embora a LeNet tenha sido desenvolvida há mais de 20 anos, a sua arquitetura ainda é relevante e continua a ser utilizada.

3. 7. 2 AlexNet

AlexNet é a arquitetura de aprendizagem profunda que popularizou a CNN. Ela foi desenvolvida por Alex Krizhevsky, Ilya Sutskever e Geoff Hinton. A rede AlexNet tinha uma arquitetura muito semelhante à LeNet, mas era mais profunda, maior e apresentava camadas convolucionais empilhadas umas sobre as outras. A AlexNet foi a primeira CNN de grande escala e foi utilizada para vencer o ImageNet Large Scale Visual Recognition Challenge (ILSVRC) em 2012. A arquitetura AlexNet foi concebida para ser utilizada com conjuntos de dados de imagens em grande escala e obteve resultados de ponta na altura da sua publicação. A AlexNet é composta por 5 camadas convolucionais com uma combinação de camadas de max-pooling, 3 camadas totalmente ligadas e 2 camadas de dropout. A função de ativação utilizada em todas as camadas é Relu. A função de ativação utilizada na camada de saída é a Softmax. O número total de parâmetros nesta arquitetura é de cerca de 60 milhões. A arquitetura AlexNet é apresentada na figura
3.22.

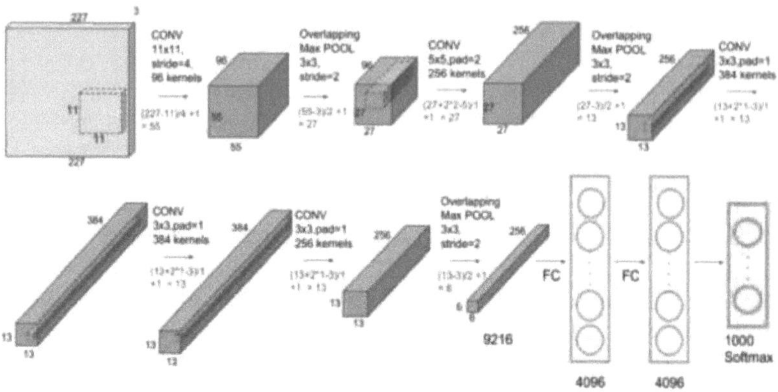

Fig 3.22: Arquitetura da AlexNet

3. 7. 3 ZF Net

A ZFnet é a arquitetura CNN que utiliza uma combinação de camadas totalmente ligadas e CNNs. A ZF Net foi desenvolvida por Matthew Zeiler e Rob Fergus. Foi a vencedora do ILSVRC 2013. A rede tem relativamente menos parâmetros do que a AlexNet, mas ainda assim supera-a na tarefa de classificação do ILSVRC 2012, alcançando uma precisão máxima com apenas 1000 imagens por classe. Foi um melhoramento da AlexNet através do ajustamento dos hiperparâmetros da arquitetura, em particular através da expansão do tamanho das camadas convolucionais intermédias e da redução do tamanho do passo e do filtro na primeira camada. Baseia-se no modelo de Zeiler e Fergus, que foi treinado no conjunto de dados ImageNet. A arquitetura da ZF Net CNN é composta por um total de sete camadas: Camada convolucional, camada de max-pooling (downscaling), camada de concatenação, camada convolucional com função de ativação linear e stride one, dropout para efeitos de regularização aplicado antes da saída totalmente ligada. Este modelo de CNN é computacionalmente mais eficiente do que a AlexNet, introduzindo uma fase de inferência aproximada através de camadas deconvolucionais no meio das CNNs.

3. 7. 4 VGGNet

A VGGNet é a arquitetura CNN desenvolvida por Karen Simonyan, Andrew Zisserman et al. na Universidade de Oxford. A VGGNet é uma CNN de 16 camadas com até 95 milhões de parâmetros e treinada em mais de mil milhões de imagens (1000 classes). Pode receber grandes imagens de entrada de 224 x 224 píxeis, para as quais tem 4096 caraterísticas convolucionais. As CNN com filtros tão grandes são dispendiosas de treinar e requerem muitos dados, o que é a principal razão pela qual as arquitecturas CNN como a GoogLeNet (arquitetura AlexNet) funcionam melhor do que a VGGNet para a maioria das tarefas de classificação de imagens em que as imagens de entrada têm um tamanho entre 100 x 100 píxeis e 350 x 350 píxeis. As aplicações/exemplos do mundo real da arquitetura VGGNet CNN incluem a tarefa de classificação ILSVRC 2014, que também foi ganha pela arquitetura GoogleNet CNN. O modelo VGG CNN é computacionalmente eficiente e serve de base sólida para muitas aplicações em visão computacional devido à sua aplicabilidade a inúmeras tarefas, incluindo a deteção de objectos. As suas representações de caraterísticas profundas são utilizadas em várias arquitecturas de redes neuronais, como YOLO, SSD, etc. A arquitetura da rede VGG16 é apresentada na Figura 3.23.

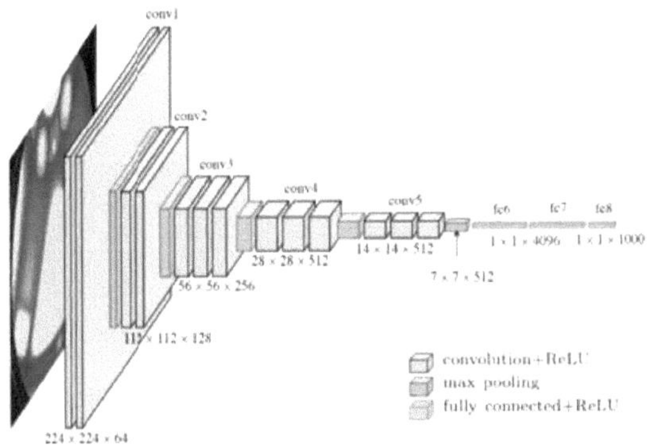

Fig 3.23: Arquitetura da rede VGG16

Tabela 3.2: Resumo dos diferentes tipos de arquitecturas de CNN

Arquitetura	**Ano**	**Caraterísticas principais**	**Caso de utilização**
LeNet	1998	Primeiras aplicações bem sucedidas de CNNs, 5 camadas (alternando entre convolucional e pooling), Funções de ativação tanh/sigmoid utilizadas	Reconhecimento de escrita à mão e caracteres impressos à máquina
AlexNet	2012	Mais profundo e mais largo do que o LeNet, utilizou a função de ativação ReLU, implementou camadas de abandono, utilizou GPUs para treino	Grande escala imagem tarefas de reconhecimento
ZFNet	2013	Arquitetura semelhante à AlexNet, mas com diferentes tamanhos de filtros e números de filtros, Técnicas de visualização para compreender a rede	Classificação ImageNet
VGGNet	2014	Redes mais profundas com filtros mais pequenos (3^3), Todas as camadas convolucionais têm a mesma profundidade, Múltiplas configurações (VGG16, VGG19)	Grande escala imagem reconhecimento
ResNet	2015	Introduziu "saltar ligações" ou "atalhos" para permitir o treino de redes mais profundas, Configurações múltiplas (ResNet-50, ResNet-101, ResNet-152)	Grande escala imagem reconhecimento, ganhou o 1º lugar no ILSVRC 2015
GoogleLeNet	2014	Introdução do módulo Inception, que permite uma computação mais eficiente e redes mais profundas, várias versões (Inception v1, v2, v3, v4)	Grande escala imagem reconhecimento, ganhou o 1º lugar no ILSVRC 2014
MobileNets	2017	Concebido para aplicações de visão móveis e incorporadas, utiliza convoluções separáveis em profundidade	Aplicações de visão móveis e incorporadas aplicações,

		para reduzir o tamanho e a complexidade do modelo	em tempo real objeto deteção

Capítulo 4

Aprendizagem por transferência

4.1 Aumento dos dados

O aumento de dados é um processo de aumentar artificialmente a quantidade de dados através da geração de novos pontos de dados a partir de dados existentes. Isto inclui a adição de pequenas alterações aos dados ou a utilização de modelos de aprendizagem automática para gerar novos pontos de dados no espaço latente dos dados originais para ampliar o conjunto de dados.

Pode surgir uma questão sobre a diferença entre dados aumentados e dados sintéticos.

- **Dados sintéticos**: Quando os dados são gerados artificialmente sem utilizar imagens do mundo real. Os dados sintéticos são frequentemente produzidos por Redes Adversárias Generativas
- **Dados aumentados**: Derivados de imagens originais com algum tipo de pequenas transformações geométricas (como inversão, translação, rotação ou adição de ruído) para aumentar a diversidade do conjunto de treino.

Atualmente, a recolha e utilização de dados suscita muitas preocupações em termos de privacidade. Por isso, muitos investigadores e empresas estão a utilizar técnicas de geração de dados sintéticos para criar conjuntos de dados. No entanto, devido a limitações como a sua falta de semelhança com os dados originais, os dados aumentados são geralmente preferidos aos dados sintéticos.

A importância do Data Augmentation

Algumas das razões pelas quais as técnicas de aumento de dados têm vindo a ganhar popularidade nos últimos anos são mencionadas a seguir.

- Os métodos de aumento de dados são amplamente utilizados em praticamente todas as aplicações de aprendizagem profunda de ponta, como a deteção de objectos, a classificação de imagens, o reconhecimento de imagens, a compreensão da linguagem natural, a segmentação semântica, etc.
- Os dados aumentados estão a melhorar o desempenho e os resultados dos modelos de aprendizagem profunda, gerando instâncias novas e diversas para os conjuntos de dados de treino.
- A recolha e rotulagem de dados podem ser processos morosos e dispendiosos para os modelos de aprendizagem profunda. As empresas podem reduzir as despesas operacionais transformando conjuntos de dados utilizando técnicas de aumento de dados.

Os modelos de visão por computador mais avançados, como o RESNET (60 M) e o Inception-V3 (24M), têm um grande número de parâmetros para aprender caraterísticas complexas. Os modelos de processamento de linguagem natural (PNL), como o BERT (340M), têm ainda mais parâmetros.

Para construir um modelo de aprendizagem profunda, teremos de recolher muitos dados.

Infelizmente, para muitas aplicações, não temos acesso a grandes quantidades de dados. O aumento de dados é um método para lidar com a questão dos dados limitados. No aumento de dados, optamos por utilizar algumas técnicas que aumentam artificialmente a quantidade de dados a partir dos dados existentes e resolvem este problema.

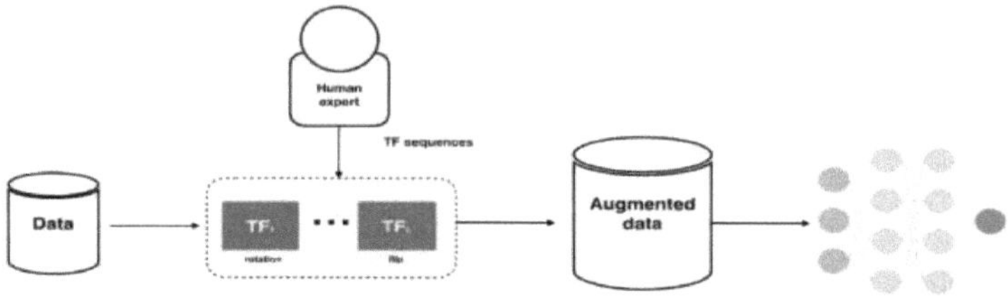

Fig. 4.1: Processo de aumento

Um fluxo de trabalho genérico de aumento de dados em tarefas de visão computacional tem as seguintes etapas:

1. Os dados de entrada são introduzidos no pipeline de aumento de dados
2. A conduta de aumento de dados é definida por etapas sequenciais de diferentes aumentos

- TF1 : Rotação
- TF2: Escala de cinzentos para RGB
- TF3: Borrão
- TFN: Flip

3. A imagem é alimentada através da conduta e processada em cada passo com uma probabilidade.
4. Depois de a imagem ser processada, o perito humano verifica aleatoriamente os resultados aumentados e transmite o feedback ao sistema.
5. Após a verificação humana, os dados aumentados estão prontos a ser utilizados pelo processo de formação da IA.

O aumento de dados é menos popular no domínio da PNL do que no domínio da visão computacional. A automatização do processo de aumento dos dados de texto é difícil, devido à complexidade de uma língua natural. Os métodos comuns de aumento de dados no domínio da PNL incluem

- Operações Easy Data Augmentation (EDA): substituição de sinónimos, inserção de palavras, troca de palavras e eliminação de palavras
- Retrotradução: retradução de um texto da língua de chegada para a língua de partida
- Incorporação de palavras contextualizadas

4. 1. 1 Aumento de dados para correção de modelos

A correção de modelos permite automatizar o processo de manutenção e melhoria de modelos quando um modelo implementado apresenta falhas.

A correção de modelos está a tornar-se uma área inovadora que permitiria aliviar o grande problema dos sistemas críticos para a segurança, incluindo os cuidados de saúde (por exemplo, melhorar os modelos para produzir exames de ressonância magnética sem artefactos) e a condução autónoma (por exemplo, melhorar os modelos de perceção que podem ter um fraco desempenho em objectos irregulares ou condições de estrada).

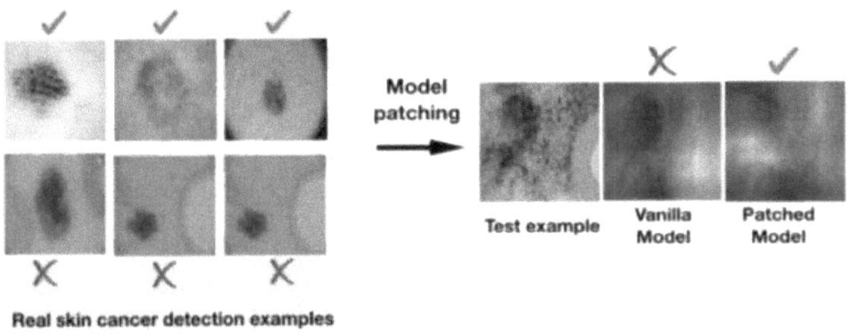

Fig. 4.2: Remendo de modelos

4. 1. 2 Técnicas de aumento de dados em visão computacional

Por fim, vejamos alguns dos métodos de aumento de dados mais populares.

1. Aumento de posição

i. **Center Crop (Recorte central)**: Recorta a imagem dada no centro. O tamanho é o parâmetro dado pelo utilizador.

ii. **Recorte aleatório**: Recorta a imagem dada numa localização aleatória.

iii. Inversão vertical aleatória: Inverte verticalmente a imagem dada de forma aleatória com uma determinada probabilidade.

iv. **Inversão horizontal aleatória**: Inverter horizontalmente a imagem dada de forma aleatória com uma determinada probabilidade.

v. **Rotação aleatória**: Rodar a imagem num determinado ângulo.

vi. **Redimensionar**: Redimensiona o tamanho da imagem de entrada para um determinado tamanho.

vii. **Afim aleatório**: Transformação afim aleatória da imagem mantendo o centro invariante.

2. Aumento da cor

a. **Brilho**: Uma forma de aumentar é alterar o brilho da imagem. A imagem resultante torna-se mais escura ou mais clara em comparação com a imagem original.

b. **Contraste:** O contraste é definido como o grau de separação entre as áreas mais escuras e mais claras de uma imagem. O contraste da imagem também pode ser alterado.

c. **Saturação**: A saturação é a separação entre as cores de uma imagem.

Fig. 4.3: Aumentos de cor na imagem de um tigre

As actividades clássicas de processamento de imagens para aumentar os dados são:

- acolchoamento
- rotação aleatória
- redimensionamento,
- inversão vertical e horizontal
- translação (a imagem é movida ao longo da direção X, Y)
- cultivo
- zoom
- escurecimento e aclaramento/alteração da cor
- escala de cinzentos
- alteração do contraste
- adicionar ruído
- apagamento aleatório

Fig. 4.4: Operações de Aumento Avançado

Alguns dos modelos avançados de aumento de dados que ganharam popularidade nos últimos anos são mencionados abaixo.

Formação adversarial/Aprendizagem automática adversarial

Os ataques adversários são alterações imperceptíveis nas imagens (alterações ao nível do pixel) que podem alterar completamente a previsão do modelo. Para lidar com este problema, no treino contraditório, as imagens são transformadas até o modelo de aprendizagem profunda ser enganado e o modelo não conseguir analisar corretamente os dados. Estas imagens transformadas ou aumentadas são utilizadas nos exemplos de treino para tornar o modelo robusto face a ataques adversários.

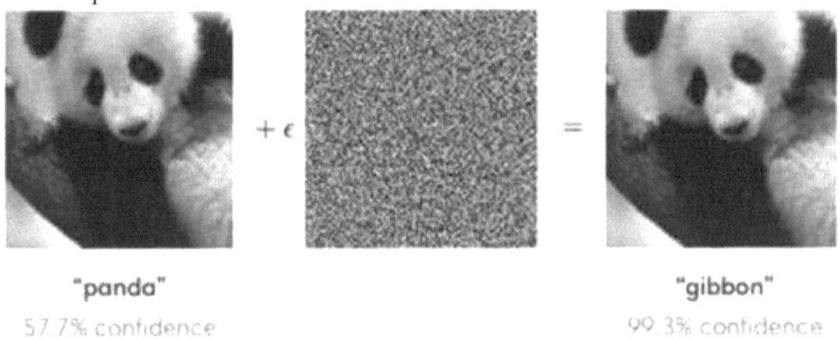

Fig 4.5: Imagem aumentada de um panda gerada pela adição de pouco ruído

Na imagem acima, podemos ver que adicionar uma pequena quantidade de ruído a uma imagem pode confundir o classificador de IA e classificar um panda como um gibão. Por isso, é importante adicionar essas alterações ao conjunto de dados de treino para combater os ataques adversários.

Redes adversariais generativas (GANs)

As GAN (Generative adversarial networks) são amplamente utilizadas para gerar imagens sintéticas num domínio-alvo.

As imagens sintéticas geradas pelos GANs são utilizadas como imagens aumentadas para a entrada do modelo. No entanto, isto acabaria por treinar o gerador e o discriminador e também o classificador (com base no caso de utilização). A desvantagem da utilização de GAN é o facto de necessitar de um elevado consumo de recursos e de esforço.

Na figura abaixo, pode ver imagens de tomografia computorizada geradas por um cycleGAN, que é uma variação de
GAN. É assim que as imagens de TAC geradas por GAN estão a ser utilizadas no domínio da medicina para aumentar
o conjunto de dados. Uma vez criado o conjunto de dados, este pode ser utilizado para classificação ou qualquer outra tarefa.

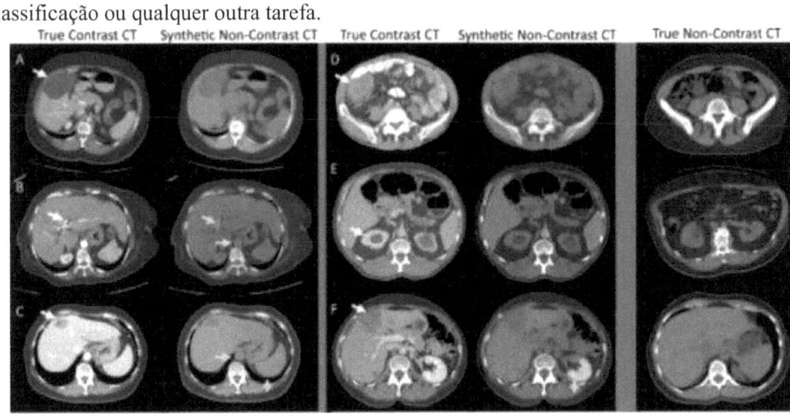

Fig. 4.6: Imagens de alta resolução de tomografia computorizada geradas pelo CycleGAN

O aumento baseado na transferência de estilo neural é uma aplicação de aprendizagem profunda muito interessante. Neste caso, uma série de camadas convolucionais são treinadas de modo a que as imagens sejam desconstruídas e o conteúdo e o estilo possam ser separados. Após a separação, o conteúdo de uma imagem é composto com o estilo de outra imagem para criar uma imagem de estilo aumentado. Assim, o conteúdo permanece o mesmo, mas o estilo é alterado. Isto aumenta a robustez do modelo, uma vez que o modelo está a funcionar independentemente do estilo da imagem.

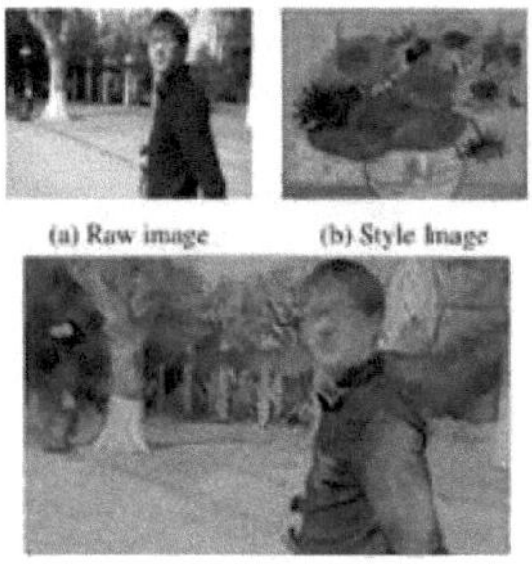

Fig. 4.7: Um estilo de girassol aplicado a uma fotografia de uma pessoa.

4. 1. 4 Casos de utilização da ampliação de dados

Como já foi referido, o aumento de dados tornou-se um dos métodos mais populares para aumentar artificialmente a quantidade de dados necessários para treinar modelos de IA robustos. É especialmente importante para domínios em que a aquisição de dados de qualidade pode ser um desafio. Aqui estão algumas indústrias que estão a aproveitar o aumento de dados para a criação de dados.

Cuidados de saúde

Nas aplicações de imagiologia médica, a curadoria de conjuntos de dados não é uma opção viável, porque a aquisição de um grande número de amostras anotadas por peritos é morosa e dispendiosa. A rede treinada com aumentos tem de ser mais robusta e precisa do que as variações esperadas das mesmas imagens de raios X.

A etapa de aumento depende do domínio e não é uma etapa arbitrária, que pode ser aplicada da mesma forma a todos os campos de investigação .

Na figura abaixo, embora possamos escalar a contagem do conjunto de dados através de aumentos, certos aumentos não são recomendados para a tarefa em causa. Por exemplo, a rotação aleatória e a reflexão no eixo x não são adequadas para as imagens de raios X. Assim, a técnica de aumento de dados é diferente para cada tarefa.

Aumentos geométricos

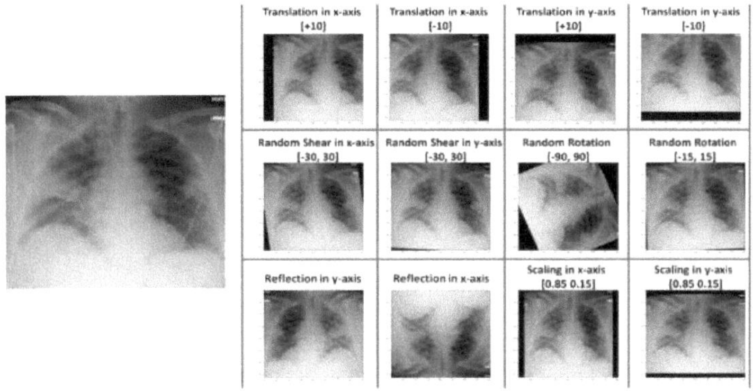

Fig. 4.8: Aumentos geométricos em imagens de raios X do coração

Automóveis autónomos

Outro caso de utilização em que o aumento de dados é útil diz respeito aos veículos autónomos. Por exemplo, o CARLA foi concebido para ser flexível e realista na renderização e na simulação física. O CARLA foi desenvolvido de raiz para apoiar o desenvolvimento, a formação e a validação de sistemas de condução autónoma. Construído com base no Unreal Engine 4, fornece um ambiente de simulador de ponta a ponta para testar os sistemas de condução autónoma num ambiente controlado.

Os ambientes de simulação construídos com mecanismos de aprendizagem por reforço podem ajudar a treinar e testar sistemas de IA quando a escassez de dados é um problema. A possibilidade de aumentar os dados é infinita, uma vez que o ambiente de simulação pode ser modelado de acordo com os requisitos para gerar cenários do mundo real.

Fig. 4.9: Simulação de condução autónoma

4. 2 Normalização em lote

Um dos problemas mais comuns dos profissionais da ciência dos dados é evitar o sobreajuste. Já se deparou com uma situação em que o seu modelo tem um desempenho muito bom nos dados de treino, mas não consegue prever os dados de teste com precisão. A razão para isso é que o modelo está a ajustar-se demasiado. A solução para esse problema é a regularização.

As técnicas de regularização ajudam a melhorar um modelo e permitem-lhe convergir mais rapidamente. Dispomos de várias ferramentas de regularização, algumas das quais são a paragem precoce, o abandono, as técnicas de inicialização de pesos e a normalização de lotes. A regularização ajuda a evitar o ajuste excessivo do modelo e o processo de aprendizagem torna-se mais eficiente.

O que é a normalização de lotes?

Antes de entrar na normalização em lote, vamos entender o termo "Normalização".

A normalização é uma ferramenta de pré-processamento de dados utilizada para colocar os dados numéricos numa escala comum sem distorcer a sua forma.

Geralmente, quando introduzimos os dados numa máquina ou num algoritmo de aprendizagem profunda, tendemos a alterar os valores para uma escala equilibrada. A razão pela qual normalizamos é, em parte, para garantir que o nosso modelo pode generalizar adequadamente.

Voltando agora à normalização em lote, é um processo para tornar as redes neurais mais rápidas e estáveis através da adição de camadas extra numa rede neural profunda. A nova camada executa as operações de normalização e padronização na entrada de uma camada proveniente de uma camada anterior. Mas qual é a razão por trás do termo "Lote" na normalização em lote? Uma rede neural típica é treinada usando um conjunto coletado de dados de entrada chamado **lote**. Da mesma forma, o processo de normalização na normalização em lote ocorre em lotes, e não como uma única entrada.

Vamos compreender isto através de um exemplo: temos uma rede neural profunda, como mostra a imagem seguinte.

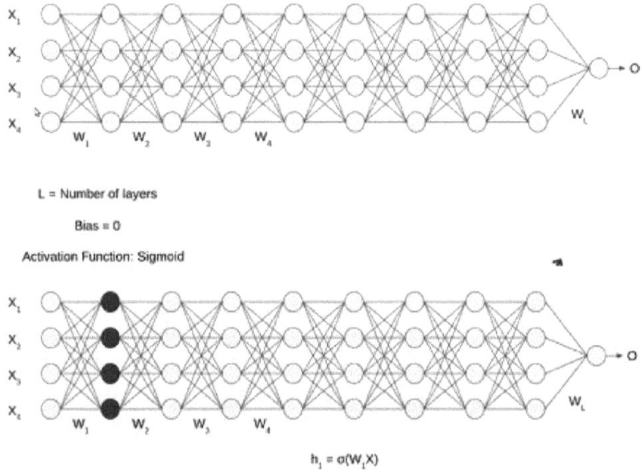

Fig. 4.10: Rede neural profunda

Inicialmente, nossas entradas *X1, X2, X3, X4* estão na forma normalizada, pois são provenientes da etapa de pré-processamento. Quando a entrada passa pela primeira camada, transforma-se, como uma função sigmoide aplicada sobre o produto escalar da entrada X e a matriz de pesos W. De forma semelhante, esta transformação terá lugar para a segunda camada e vai até à última camada L, como se mostra na

imagem seguinte.

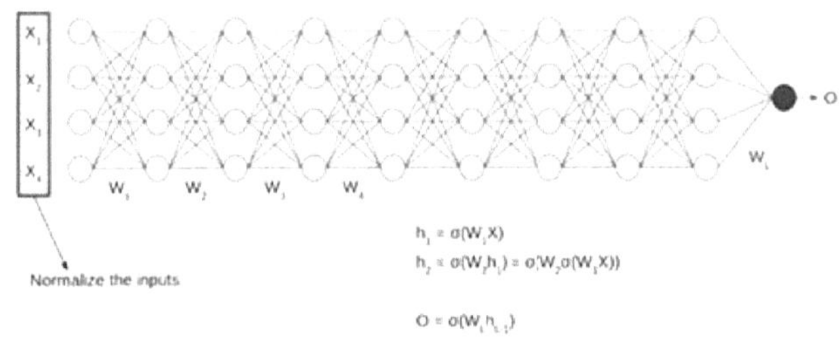

Fig 4.11: Processo de normalização

Embora a nossa entrada *X* tenha sido normalizada com o tempo, a saída já não estará na mesma escala. Como os dados passam por várias camadas da rede neural e são aplicadas funções de ativação L, isso leva a uma mudança co-variada interna nos dados.

Como é que a normalização de lotes funciona?

Como já temos uma ideia clara do motivo pelo qual precisamos da normalização de lotes, vamos entender como ela funciona. Trata-se de um processo em duas etapas. Primeiro, a entrada é normalizada e, depois, é feito o redimensionamento e a compensação.

Normalização da entrada

A normalização é o processo de transformar os dados para que tenham uma média zero e um desvio padrão um. Nesta etapa, temos a nossa entrada de lote da camada h. Primeiro, temos de calcular a média desta ativação oculta.

$$\mu = \frac{1}{m} \sum h_i$$

Aqui, m é o número de neurónios na camada h.

Uma vez que o significado tenha chegado ao fim, o próximo passo é calcular o desvio padrão das activações ocultas.

$$\sigma = \left[\frac{1}{m} \sum (h_i - \mu)^2 \right]^{1/2}$$

Além disso, como já temos a média e o desvio padrão prontos. Vamos normalizar as activações ocultas utilizando estes valores. Para isso, subtraímos a média de cada entrada e dividimos o valor total com a soma do desvio padrão e o termo de suavização (ε).

O termo de regularização (ε) assegura a estabilidade numérica da operação, impedindo a divisão por um valor zero.

$$h_{i(norm)} = \frac{(h_i - \mu)}{\sigma + \varepsilon}$$

Redimensionamento da compensação

Na operação final, ocorre o redimensionamento e a compensação da entrada. Aqui entram em cena dois componentes do algoritmo BN, Y(gamma) e β (beta). Estes parâmetros são utilizados para redimensionar (γ) e deslocar (Cß) o vetor que contém os valores das operações anteriores.

$$h_i = \gamma \, h_{i(norm)} + \beta$$

Estes dois parâmetros podem ser aprendidos e, durante a formação, a rede neural garante que são utilizados os valores óptimos de γ e β. Isto permitirá a normalização exacta de cada lote.

Vantagens da normalização de lotes

Vejamos agora as vantagens que o processo BN oferece.

Acelerar a formação

Ao normalizar a ativação da camada oculta, a normalização do lote acelera o processo de formação.

Trata a deslocação de covariáveis internas

Resolve o problema da deslocação interna das covariáveis. Com isso, garantimos que a entrada para cada camada seja distribuída em torno da mesma média e desvio padrão. Se não sabe o que é uma deslocação interna de covariáveis, veja o exemplo seguinte.

Mudança de covariável interna

Suponhamos que estamos a treinar um modelo de classificação de imagens, que classifica as imagens em Cão ou Não-cão. Digamos que temos apenas imagens de cães brancos, estas imagens também terão uma determinada distribuição. Utilizando estas imagens, o modelo actualizará os seus parâmetros.

Fig. 4.12: Duas classes de imagens

mais tarde, se obtivermos um novo conjunto de imagens, constituído por cães não brancos. Estas novas imagens terão uma distribuição ligeiramente diferente das imagens anteriores. Agora o modelo vai alterar os seus parâmetros de acordo com estas novas imagens. Assim, a distribuição da ativação oculta também se altera. Esta alteração na ativação oculta é conhecida como uma mudança de covariável interna.

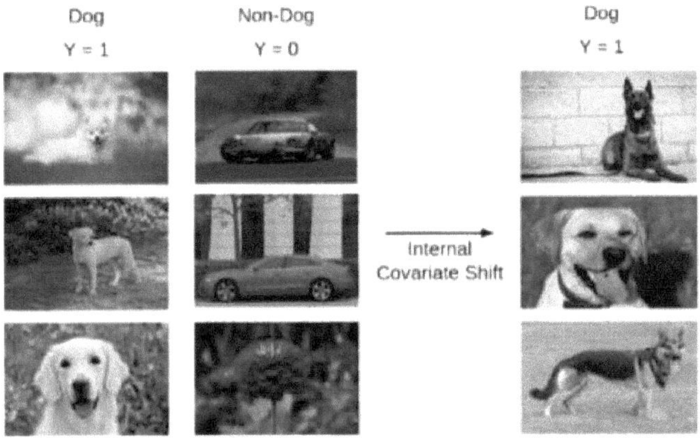

Fig. 4.13: Aplicação do deslocamento interno de covariáveis

No entanto, de acordo com um estudo realizado por investigadores do MIT, a normalização em lote não resolve o problema da deslocação interna das covariáveis. Nesta investigação, treinaram três modelos

Modelo-1: rede VGG padrão sem normalização de lote.

Modelo-2: Rede VGG padrão com normalização em lote.

Modelo-3: VGG padrão com normalização de lote e ruído aleatório.

Este ruído aleatório tem uma média não nula e uma variância não unitária e foi adicionado após a camada de normalização do lote. Esta experiência permitiu chegar a duas conclusões.

O terceiro modelo tem uma distribuição menos estável em todas as camadas. Podemos ver que o modelo ruidoso tem uma variância mais elevada do que os outros dois modelos.

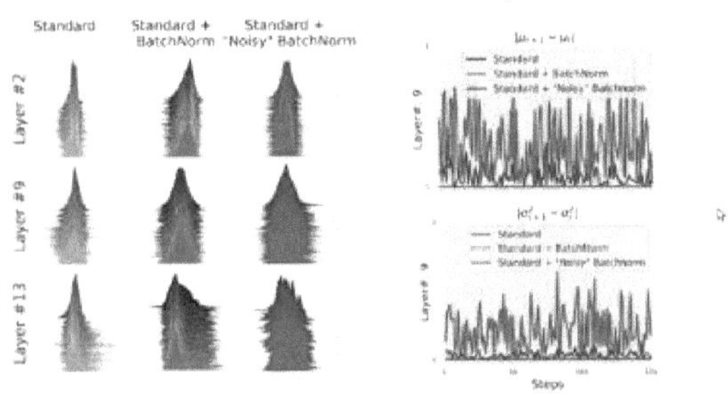

Fig. 4.14: Comparação da rede VGG com base na normalização do lote e no ruído A segunda conclusão foi que a precisão do treino do segundo e do terceiro modelos é superior à do primeiro modelo. Assim, pode concluir-se que a deslocação interna das co-variáveis pode não ser um fator que contribua para o desempenho da normalização em lote.

Suaviza a função de perda

A normalização do lote suaviza a função de perda que, por sua vez, ao otimizar os parâmetros do modelo, melhora a velocidade de formação do modelo.

Este tópico, a normalização de lotes, é de grande interesse para a investigação e um grande número de investigadores está a trabalhar nele. Se estiver à procura de mais pormenores sobre este assunto, recomendo-lhe que consulte as seguintes ligações.

Perguntas mais frequentes

Q1. Porque é que precisamos de normalização de lotes?

A. A normalização de lotes é essencial porque ajuda a resolver o problema de deslocamento de covariáveis internas em redes neurais profundas. Ela normaliza as saídas intermediárias de cada camada dentro de um lote durante o treinamento, tornando o processo de otimização mais estável e mais rápido. Ao reduzir o deslocamento interno de covariáveis, a normalização de lotes permite taxas de aprendizado mais altas, acelera a convergência e melhora o desempenho da generalização, levando a um treinamento de rede neural melhor e mais eficiente.

Q2. Qual é o processo de normalização de lotes?

A. O processo de normalização em lote envolve a normalização das saídas intermediárias de cada camada de uma rede neural durante o treinamento. Veja a seguir o processo passo a passo: 1. Para cada mini-lote de dados durante o treinamento, calcule a média e a variância das ativações em todo o lote para cada caraterística na camada. 2. Normalize as activações subtraindo a média e dividindo pela variância. 3. Escalar e deslocar as activações normalizadas utilizando parâmetros aprendíveis (gama e beta) para restaurar o poder de representação. Isso permite que o modelo aprenda a escala e o deslocamento ideais para cada caraterística.

4. Durante a inferência, utilize as estatísticas da população (média e variância) recolhidas durante o treino para normalizar as activações, assegurando a consistência entre o treino e a inferência. 5. A normalização do lote ajuda a estabilizar o processo de otimização, a reduzir o desvio interno das covariáveis e a melhorar o fluxo do gradiente, conduzindo a uma convergência mais rápida e a uma melhor generalização.

Notas finais

Para resumir, neste artigo vimos o que é Normalização de Lote e como ela melhora o desempenho de uma rede neural. Embora não precisemos realizar tudo isso manualmente, pois as bibliotecas de aprendizado profundo, como PyTorch e TensorFlow, cuidam das complexidades da implementação. Ainda assim, sendo um cientista de dados, vale a pena entender os meandros do back-end.

4. 3 Aprendizagem por transferência

Compreender a aprendizagem por transferência para a aprendizagem profunda

A aprendizagem por transferência é uma técnica poderosa utilizada na aprendizagem profunda. Ao aproveitar a capacidade de reutilizar modelos existentes e o seu conhecimento de novos problemas, a aprendizagem por transferência abriu portas ao treino de redes neuronais profundas, mesmo com dados limitados. Esse avanço é especialmente significativo na ciência de dados, onde cenários práticos geralmente precisam de mais dados rotulados. Neste artigo, mergulhamos nas profundezas da aprendizagem por transferência, desvendando os seus conceitos e explorando as suas aplicações para capacitar os cientistas de dados a enfrentar desafios complexos com uma eficiência e eficácia inéditas.

O que é a aprendizagem por transferência?

A reutilização de um modelo pré-treinado num novo problema é conhecida como aprendizagem por transferência na aprendizagem automática. Na aprendizagem por transferência, uma máquina utiliza os conhecimentos adquiridos numa tarefa anterior para aumentar a previsão sobre uma nova tarefa. Pode, por exemplo, utilizar a informação adquirida durante a formação para distinguir bebidas quando treina um classificador para prever se uma imagem contém cozinha.

O conhecimento de um modelo de aprendizagem automática já treinado é transferido para um problema diferente, mas estreitamente relacionado, através da aprendizagem por transferência. Por exemplo, se treinou um classificador simples para prever se uma imagem contém uma mochila, pode utilizar o conhecimento de treino do modelo para identificar outros objectos, como óculos de sol.

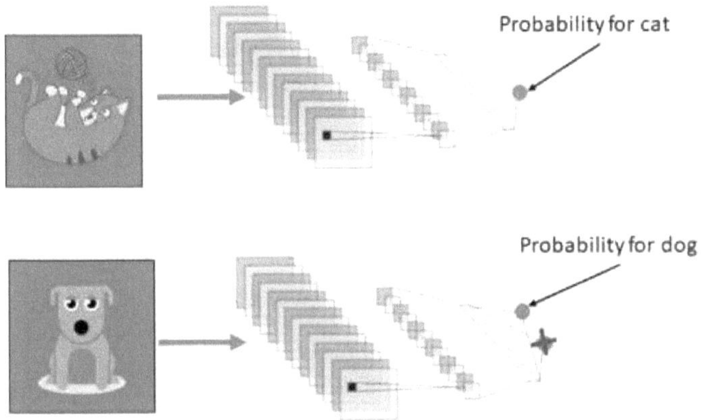

Fig. 4.15: Aprendizagem por transferência

Com a aprendizagem por transferência, tentamos basicamente utilizar o que aprendemos numa tarefa para compreender melhor os conceitos de outra. Os pesos estão a ser automaticamente transferidos para uma rede que realiza a "tarefa A" a partir de uma rede que realizou a nova "tarefa B".

Devido à enorme quantidade de potência de CPU necessária, a aprendizagem por transferência é normalmente aplicada em tarefas de visão computacional e de processamento de linguagem natural, como a análise de sentimentos.

Como funciona a aprendizagem por transferência?

Na visão por computador, as redes neuronais têm normalmente como objetivo detetar arestas na primeira camada, formas na camada intermédia e caraterísticas específicas da tarefa nas últimas camadas.

As camadas iniciais e centrais são utilizadas na aprendizagem por transferência e as últimas camadas são apenas treinadas de novo. Utiliza os dados rotulados da tarefa em que foi treinado.

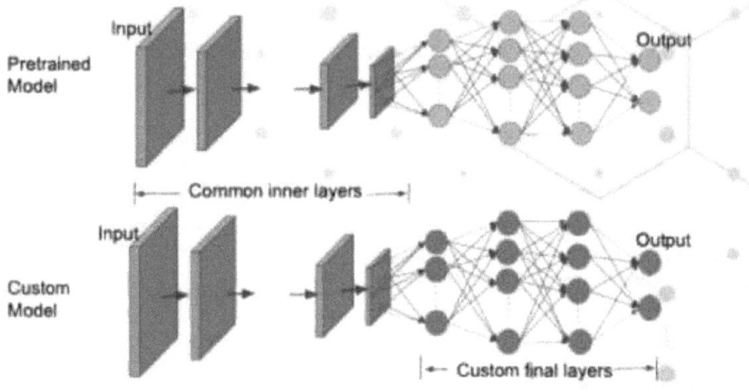

Fig 4.15: Diferença entre o modelo pré-treinado e o modelo personalizado

Voltemos ao exemplo de um modelo que foi concebido para identificar uma mochila numa imagem e que será agora utilizado para detetar óculos de sol. Uma vez que o modelo foi treinado para reconhecer objectos nos níveis anteriores, vamos simplesmente treinar novamente as camadas subsequentes para compreender o que distingue os óculos de sol de outros objectos.

Porque é que se deve utilizar a aprendizagem por transferência?

A aprendizagem por transferência oferece uma série de vantagens, sendo as mais importantes a redução do tempo de formação, a melhoria do desempenho da rede neural (na maioria das circunstâncias) e a ausência de uma grande quantidade de dados.

Para treinar um modelo neural a partir do zero, são normalmente necessários muitos dados, mas o acesso a esses dados nem sempre é possível - é aqui que a aprendizagem por transferência se torna útil.

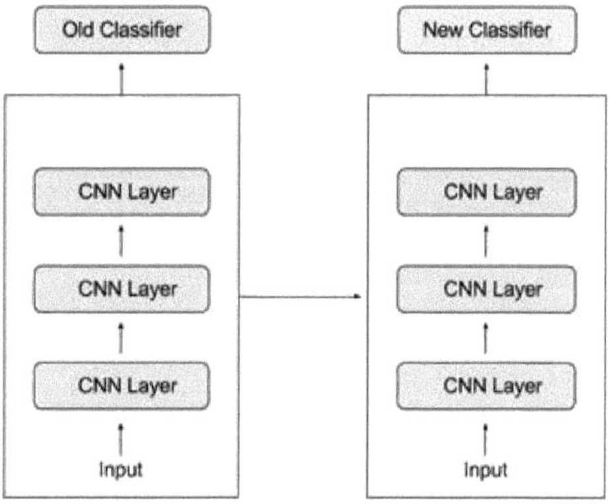

Fig 4.16: Processo de aprendizagem por transferência

Uma vez que o modelo já foi pré-treinado, um bom modelo de aprendizagem automática pode ser gerado com muito poucos dados de formação utilizando a aprendizagem por transferência. Isto é especialmente útil no processamento de linguagem natural, em que enormes conjuntos de dados rotulados requerem muito conhecimento especializado. Além disso, o tempo de formação é reduzido porque a construção de uma rede neuronal profunda desde o início de uma tarefa complexa pode demorar dias ou mesmo semanas.

Passos para utilizar a aprendizagem por transferência

Quando não temos dados anotados suficientes para treinar o nosso modelo e existe um modelo pré-treinado que foi treinado em dados e tarefas semelhantes. Se utilizou o TensorFlow para treinar o modelo original, pode simplesmente restaurá-lo e treinar novamente algumas camadas para o seu trabalho. A aprendizagem por transferência, por outro lado, só funciona se as caraterísticas aprendidas na primeira tarefa forem gerais, o que significa que podem ser aplicadas a outra atividade. Além disso, a entrada do modelo deve ter o mesmo tamanho que tinha quando foi treinado pela primeira vez.

Se não o tiver, adicione um passo para redimensionar a sua entrada para o tamanho necessário:

1. **Treinar um modelo para o reutilizar**

Considere a situação em que deseja realizar a tarefa A, mas não tem os dados necessários para treinar uma rede neural profunda. Encontrar uma tarefa B relacionada com uma grande quantidade de dados é um método para contornar esta situação.

Utilize a rede neural profunda para treinar a tarefa B e, em seguida, utilize o modelo para resolver a tarefa A. O problema que pretende resolver decidirá se é necessário utilizar todo o modelo ou apenas algumas camadas.

Se a entrada em ambas as tarefas for a mesma, pode voltar a aplicar o modelo e fazer previsões para a nova entrada. Por outro lado, a alteração e a reciclagem de camadas específicas de tarefas distintas e da camada de saída é uma abordagem a investigar.

2. **Utilizar um modelo pré-treinado**

A segunda opção é utilizar um modelo que já tenha sido treinado. Existem vários modelos deste tipo, pelo que deve ser feita uma pesquisa prévia. O número de camadas a reutilizar e a treinar de novo é determinado pela tarefa.

O Keras é composto por nove modelos pré-treinados utilizados na aprendizagem por transferência, previsão e afinação. Estes modelos, bem como algumas lições rápidas sobre como os utilizar, podem ser encontrados aqui. Muitas instituições de investigação também disponibilizam modelos treinados. A aplicação mais popular desta forma de aprendizagem por transferência é a aprendizagem profunda.

3. **Extração de caraterísticas**

Outra opção é utilizar a aprendizagem profunda para identificar a melhor representação do seu problema, o que inclui a identificação das principais caraterísticas. Este método é conhecido como aprendizagem de representação e pode frequentemente produzir resultados significativamente melhores do que as representações concebidas manualmente.

A criação de caraterísticas na aprendizagem automática é feita principalmente à mão por investigadores e especialistas no domínio. Felizmente, a aprendizagem profunda pode extrair caraterísticas automaticamente. É claro que isto não diminui a importância da engenharia de caraterísticas e do conhecimento do domínio; continua a ser necessário escolher as caraterísticas a incluir na rede.

4. **Extração de caraterísticas em redes neuronais**

As redes neuronais, por outro lado, têm a capacidade de aprender quais as caraterísticas que são críticas e quais as que não são. Mesmo para tarefas complicadas que, de outra forma, necessitariam de muito esforço humano, um algoritmo de aprendizagem de representação pode encontrar uma combinação decente de caraterísticas num curto espaço de tempo.

A representação aprendida pode então ser aplicada a uma variedade de outros desafios. Basta utilizar as camadas iniciais para encontrar a representação adequada das caraterísticas, mas evite utilizar a saída da rede porque é demasiado específica da tarefa. Em vez disso, envie os dados para a sua rede e dê-lhes saída através de uma das camadas intermédias.

Os dados brutos podem então ser entendidos como uma representação desta camada. Este método é normalmente utilizado na visão computacional, uma vez que pode reduzir o conjunto de dados, reduzindo o tempo de computação e tornando-o mais adequado para os algoritmos clássicos.

Modelos que foram pré-treinados

Existem vários modelos populares de aprendizagem automática pré-treinados disponíveis. O modelo Inception- v3, que foi desenvolvido para o ImageNet "Large Visual Recognition Challenge", é um deles." Os participantes neste desafio tiveram de categorizar imagens em 1000 subcategorias, como "zebra", "dálmata" e "máquina de lavar loiça".

Em conclusão, a compreensão da aprendizagem por transferência é crucial para os cientistas de dados que se aventuram na aprendizagem profunda. Permite-lhes tirar partido de modelos pré-treinados e extrair conhecimentos valiosos dos dados existentes, permitindo-lhes resolver problemas complexos com recursos limitados.

4. 4 Estratégias de aprendizagem por transferência profunda

Antes de avançarmos para a forma como podemos tirar partido do paradigma da aprendizagem por transferência, temos de saber que quase todas as redes (quer pré-treinadas quer próprias) têm uma estrutura comum.

Esta situação é ilustrada a seguir:

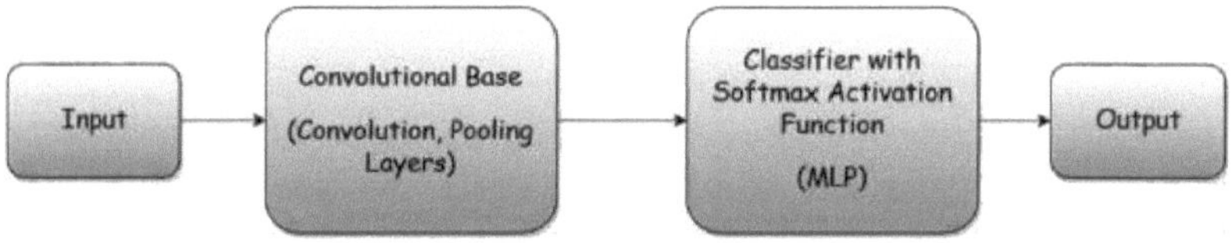

Fig 4.17: Estrutura comum de qualquer rede CNN

Vamos compreender a arquitetura apresentada acima.

- A **Base Convolucional** é um extrator de caraterísticas que aprende e extrai as caraterísticas de qualquer imagem. Contém as camadas de convoluções e de agrupamento.
- O **Perceptron de Múltiplas Camadas** (MLP) é uma rede de camadas densas que é utilizada como uma *ligação completa* nas CNN. Dá o resultado aplicando uma **função de ativação softmax** e obtendo uma lista de probabilidades para cada classe.

Isto significa que mesmo os modelos pré-treinados, que podemos utilizar, têm esta mesma estrutura. Assim, podemos tirar partido desses modelos pré-treinados utilizando o paradigma da aprendizagem por transferência de 33 formas:

- **Como modelos pré-treinados:** As ConvNets modernas podem demorar mais de 2-3 semanas a treinar em várias GPUs no seu conjunto de dados. Se o seu problema estiver dentro do âmbito de um modelo já pré-treinado, então uma abordagem comum seria simplesmente pegar nesse modelo tal como está e prever as etiquetas para as imagens. Esta é a forma mais simples de utilizar a aprendizagem por transferência. No entanto, só forneceria resultados exactos para dados semelhantes àqueles em que o modelo foi treinado.
- **Extrator de caraterísticas fixo:** Nesta abordagem, pode utilizar uma ConvNet que foi pré-treinada no conjunto de dados ImageNet e remover a última camada totalmente ligada (ou

seja, a camada MLP na nossa arquitetura discutida acima). Em seguida, tratar o resto da ConvNet como um extrator de caraterísticas fixo para o novo conjunto de dados. A vantagem dessa abordagem seria que, mesmo que você tenha menos dados, isso não seria um ajuste excessivo, pois você treinaria apenas a camada MLP que adicionou à Base convolucional (ou seja, treine novamente apenas o classificador e congele a Base convolucional).

- **Afinação fina:** A última estratégia consiste não só em substituir e voltar a treinar o classificador no topo da ConvNet no novo conjunto de dados, mas também em afinar os pesos da rede pré-treinada continuando a retropropagação. É possível fazer o ajuste fino de todas as camadas da ConvNet, no entanto, isso pode ser um processo demorado. Também é possível manter algumas das camadas anteriores fixas (devido a preocupações de sobreajuste) e apenas ajustar algumas partes de nível superior da rede.

4. 4. 1 ResNet

A ResNet é a arquitetura CNN que foi desenvolvida por Kaiming He et al. para vencer a tarefa de classificação do ILSVRC 2015 com um erro de apenas 15,43%. A rede tem 152 camadas e mais de um milhão de parâmetros, o que é considerado profundo mesmo para CNNs, pois teria levado mais de 40 dias em 32 GPUs para treinar a rede no conjunto de dados ILSVRC 2015. As CNN são sobretudo utilizadas para tarefas de classificação de imagens com 1000 classes, mas a ResNet prova que as CNN também podem ser utilizadas com êxito para resolver problemas de processamento de linguagem natural, como a conclusão de frases ou a compreensão automática, tendo sido utilizada pela equipa da Microsoft Research Asia em 2016 e 2017, respetivamente. As aplicações/exemplos reais da arquitetura ResNet CNN incluem o sistema de compreensão automática da Microsoft, que utilizou as CNN para gerar as respostas a mais de 100 mil perguntas em mais de 20 categorias. A arquitetura ResNet da CNN é computacionalmente eficiente e pode ser aumentada ou reduzida para corresponder ao poder computacional das GPUs.

4. 2 Xception

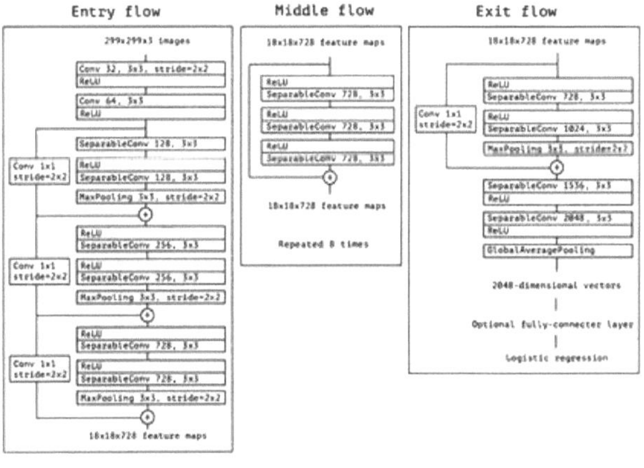

Fig. 4.18: A arquitetura do Xception.

A Xception foi proposta por François Chollet, o criador e principal responsável pela manutenção da biblioteca Keras.

Xception é uma extensão da arquitetura Inception que substitui os módulos Inception normais por convoluções separáveis em profundidade.

4. 4. 3 DenseNets (CNN densa)

Aqui vamos resumir uma arquitetura de rede convolucional chamada redes convolucionais densamente ligadas ou **DenseNet**. O problema que estão a tentar resolver com a densidade da arquitetura é aumentar a profundidade da rede neural convolucional.

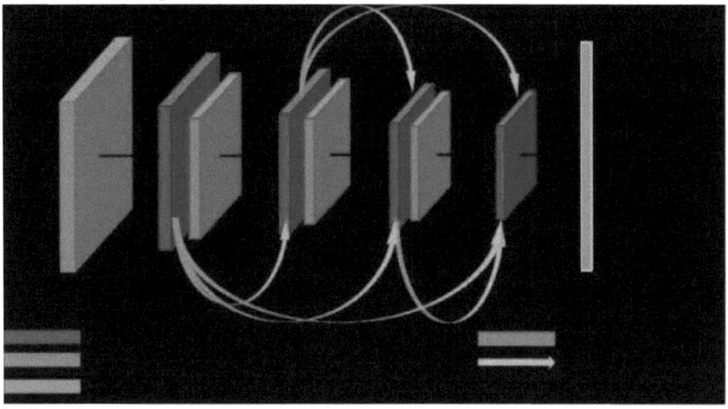

Fig 4.19: DenseNets

Aqui, começamos por aprender o que é uma rede densa e por que razão é útil e, depois, passamos à parte da codificação.

O que são DenseNets?

Todos nós conhecemos uma CNN (rede neural convolucional) que é útil para a classificação de imagens.

Assim, a rede densa é uma rede convolucional densamente ligada. É muito semelhante a uma ResNet com algumas diferenças fundamentais. A ResNet utiliza um método aditivo, o que significa que toma uma saída anterior como entrada para uma camada futura, e a DenseNet toma todas as saídas anteriores como entrada para uma camada futura, como mostra a imagem acima.

Porque é que precisamos de DenseNets?

Assim, a DenseNet foi especialmente desenvolvida para melhorar a precisão causada pelo desaparecimento do gradiente nas redes neuronais de alto nível, devido à longa distância entre as camadas de entrada e de saída e ao facto de a informação desaparecer antes de chegar ao seu destino.

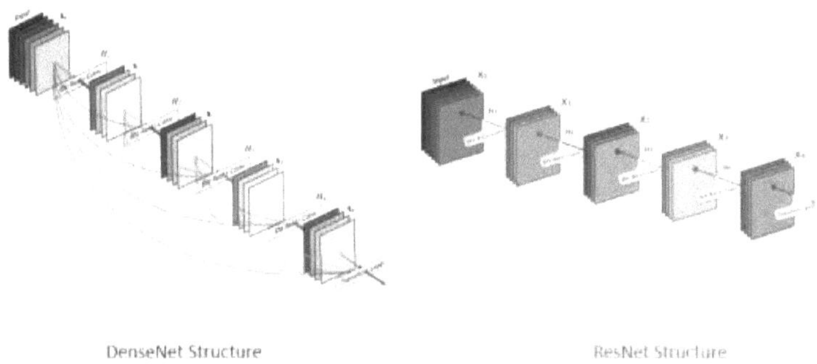

$$a^{[l]} = g([a^{[0]}, a^{[1]}, a^{[2]}, \ldots\ldots\ldots, a^{[l-1]}])$$

$$a^{[l]} = g(z^{[l+1]} + a^{[l]})$$

Fig 4.20: Arquitetura DenseNet VS Arquitetura ResNet.

Assim, suponhamos que temos um número L de camadas. Numa rede típica com L camadas, haverá L ligações, ou seja, ligações entre as camadas. No entanto, numa DenseNet, haverá cerca de L e L mais uma por duas conexões L(L+1)/2. Assim, numa rede densa, temos menos camadas do que no outro modelo, pelo que podemos treinar mais de 100 camadas do modelo muito facilmente utilizando esta técnica.

DenseBlocks e camadas

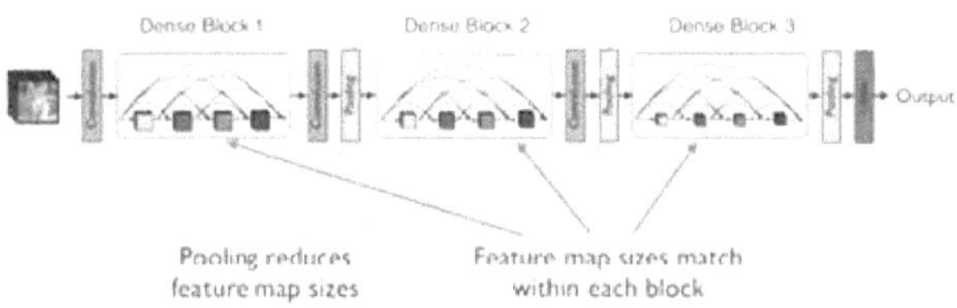

Fig. 4.20: Camadas de blocos densos

À medida que nos aprofundamos na rede, isto torna-se insustentável, se passarmos da 2ª camada para a 3ª camada, a 3ª camada recebe uma entrada não só da 2ª camada, mas de todas as camadas anteriores.

Assim, digamos que temos cerca de dez camadas. Então, a décima camada levar-nos á a introduzir todos os mapas de caraterísticas das nove camadas anteriores. Para ultrapassar este problema, criamos um bloco denso aqui e cada bloco denso contém um número pré-especificado de camadas no seu interior e a saída desse bloco denso específico é dada ao que se chama uma camada de transição e esta camada é como uma convolução um a um seguida de um agrupamento máximo para reduzir o tamanho dos mapas de caraterísticas. Assim, a camada de transição permite o agrupamento máximo, o que normalmente leva a uma redução do tamanho dos mapas de caraterísticas.

Numa determinada figura, podemos ver dois blocos: o primeiro é a camada de convolução e o segundo é a camada de pooling, e as combinações de ambos são a camada de transição.

Assim, seguindo algumas Vantagens da rede densa.

- **Eficiência dos parâmetros** - Cada camada acrescenta apenas um número limitado de parâmetros - por exemplo, apenas cerca de 12 núcleos são aprendidos por camada
- **Supervisão profunda implícita** - Melhoria do fluxo do gradiente através da rede - Os mapas de caraterísticas em todas as camadas têm acesso direto à função de perda e ao seu

gradiente.

- **Assim, existem alguns outros termos de que o documento fala e que são o conceito importante na DenseNet.**
- **Taxa de crescimento** - Determina o número de mapas de caraterísticas produzidos em camadas individuais dentro de blocos densos.
- **Conectividade** densa - Por conetividade densa, queremos dizer que, dentro de um bloco denso, cada camada recebe mapas de caraterísticas de entrada da camada anterior, como se vê nesta figura.
- **Funções compostas** - Assim, a sequência de operações dentro de uma camada é a seguinte. Assim, temos a normalização de lotes, seguida de uma aplicação de Relu e, em seguida, uma camada de convolução (que será uma camada de convolução)
- **Camadas** de transição - As camadas de transição agregam os mapas de caraterísticas de um bloco denso e reduzem as suas dimensões. Por isso, o Max Pooling está ativado aqui.

Capítulo 5

Rede Neuronal Recorrente Profunda

As redes neuronais recorrentes (RNN) são modelos de aprendizagem profunda que captam a dinâmica das sequências através de ligações recorrentes, que podem ser consideradas como ciclos na rede de nós. Isto pode parecer contra-intuitivo à primeira vista. Afinal de contas, é a natureza de feedforward das redes neuronais que torna a ordem de cálculo inequívoca. No entanto, as arestas recorrentes são definidas de uma forma precisa que garante que essa ambiguidade não pode surgir. As redes neuronais recorrentes são desenroladas ao longo de passos de tempo (ou passos de sequência), com os mesmos parâmetros subjacentes aplicados em cada passo. Enquanto as conexões padrão são aplicadas de forma síncrona para propagar as ativações de cada camada para a camada subseqüente no mesmo passo de tempo, as conexões recorrentes são dinâmicas, passando informações através de passos de tempo adjacentes. Como revela a vista desdobrada na figura, as RNNs podem ser consideradas redes neurais feedforward em que os parâmetros de cada camada (convencionais e recorrentes) são partilhados ao longo dos passos de tempo.

5.1 Redes Neuronais Recorrentes

As redes neuronais recorrentes (RNN) são uma classe específica de redes neuronais que foi criada com o objetivo expresso de processar dados sequenciais, incluindo dados de voz, texto e séries cronológicas. As RNNs processam os dados como uma seqüência de vetores, em vez das redes neurais feedforward, que processam os dados como um vetor de comprimento fixo. Cada vetor é processado em função do estado oculto da fase anterior.

5. 1. 1 Arquitetura da RNN

A rede pode armazenar dados de etapas anteriores da sequência num tipo de memória, calculando o estado oculto tendo em conta tanto a entrada atual como o estado oculto da fase anterior. As RNNs são, portanto, adequadas para tarefas que exigem conhecimento do contexto e das ligações entre os elementos da sequência.

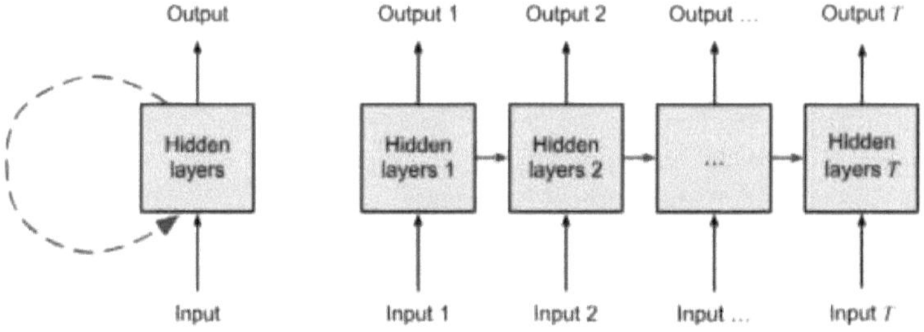

Fig 5.1: Arquitetura RNN

À esquerda, as ligações recorrentes são representadas através de arestas cíclicas. À direita, desdobramos a RNN em passos de tempo. Aqui, as arestas recorrentes abrangem passos de tempo adjacentes, enquanto as ligações convencionais são calculadas de forma síncrona.

Tal como as redes neuronais em termos mais gerais, as RNNs têm uma longa história disciplinar, originando-se como modelos do cérebro popularizados por cientistas cognitivos e subsequentemente adoptados como ferramentas práticas de modelação utilizadas pela comunidade de aprendizagem automática. Tal como fazemos para a aprendizagem profunda em termos mais gerais, neste livro adoptamos a perspetiva da aprendizagem automática, centrando-nos nas RNNs como ferramentas práticas que ganharam popularidade na década de 2010 devido a resultados inovadores em tarefas tão diversas como o reconhecimento de escrita manual, a tradução automática e o reconhecimento de diagnósticos médicos. Indicamos ao leitor interessado em mais material de apoio uma análise abrangente disponível publicamente em . Também notamos que a sequencialidade não é exclusiva das RNNs. Por exemplo, as CNNs que já apresentámos podem ser adaptadas para lidar com dados de comprimento variável, por exemplo, imagens de resolução variável. Além disso, as RNNs cederam recentemente uma quota de mercado considerável aos modelos Transformer. No entanto, as RNNs ganharam proeminência como modelos padrão para lidar com estruturas sequenciais complexas em aprendizagem profunda e continuam a ser modelos básicos para modelação sequencial até aos dias de hoje.

Uma descoberta fundamental abriu caminho a uma revolução na modelação de sequências. Embora as entradas e os alvos de muitas tarefas fundamentais na aprendizagem automática não possam ser facilmente representados como vectores de comprimento fixo, podem, no entanto, ser frequentemente representados como sequências de comprimento variável de vectores de comprimento fixo. Por exemplo, os documentos podem ser representados como sequências de palavras; os registos médicos podem frequentemente ser representados como sequências de eventos (encontros, medicamentos, procedimentos, análises laboratoriais, diagnósticos); os vídeos podem ser representados como sequências de comprimento variável de imagens fixas.

Embora os modelos de sequências tenham surgido em numerosas áreas de aplicação, a investigação básica nesta área tem sido predominantemente impulsionada por avanços em tarefas fundamentais do processamento de linguagem natural. Assim, ao longo deste capítulo, centraremos a nossa exposição e exemplos em dados de texto. Se se conseguir perceber estes exemplos, então a aplicação dos modelos a outras modalidades de dados deverá ser relativamente simples. Nas próximas secções, introduzimos a notação básica para sequências e algumas medidas de avaliação para avaliar a qualidade dos resultados de modelos estruturados sequencialmente. De seguida, discutimos os conceitos básicos de um modelo de linguagem e utilizamos esta discussão para motivar os nossos primeiros modelos RNN. Por fim, descrevemos o método de cálculo de gradientes na retropropagação através de RNNs e exploramos alguns desafios que são frequentemente encontrados ao treinar essas redes, motivando as arquitecturas modernas de RNN.

5. 1. 2 Vantagens da Rede Neuronal Recorrente

- Uma RNN lembra-se de todas as informações ao longo do tempo. É útil na previsão de séries temporais apenas devido à caraterística de se lembrar também de entradas anteriores. A isto chama-se memória de curto prazo.
- As redes neuronais recorrentes são mesmo utilizadas com camadas convolucionais para alargar a vizinhança efectiva do pixel.

5. 1. 3 Desvantagens da rede neural recorrente

- Problemas de desaparecimento do gradiente e de explosão.
- A formação de um RNN é uma tarefa muito difícil.
- Não consegue processar sequências muito longas se utilizar tanh ou relu como função de ativação.

5. 1. 4 Aplicações da rede neural recorrente

- Modelação da língua e geração de texto
- Reconhecimento de voz

- Tradução automática
- Reconhecimento de imagens, deteção de rostos
- Previsão de séries temporais

5. 1. 5 Tipos de RNN

Existem quatro tipos de RNNs com base no número de entradas e saídas da rede.

1. Um para um
2. De um para muitos
3. Muitos para Um
4. Muitos para muitos

Um para um

Este tipo de RNN comporta-se da mesma forma que qualquer rede neuronal simples, sendo também conhecida como Rede Neuronal Vanilla . Nesta rede neural, existe apenas uma entrada e uma saída. Ex: Classificação de imagens.

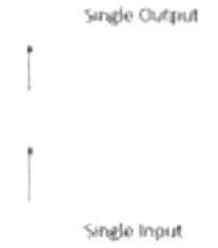

Fig 5.2: RNN um para um

Neste tipo de RNN, há uma entrada e muitas saídas associadas. Um dos exemplos mais utilizados desta rede é a legendagem de imagens, em que, dada uma imagem, se prevê uma frase com várias palavras.

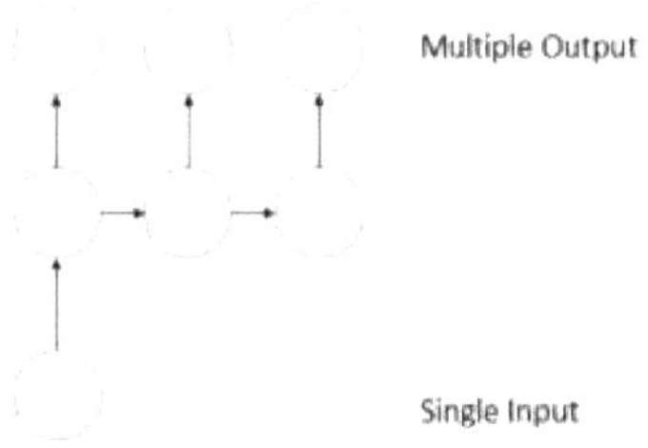

Fig. 5.3: RNN de um para muitos

Muitos para Um

Neste tipo de rede, são introduzidas muitas entradas na rede em vários estados da rede, gerando apenas uma saída. Este tipo de rede é utilizado em problemas como a análise sentimental. Quando se dão várias palavras como entrada e se prevê apenas o sentimento da frase como saída.

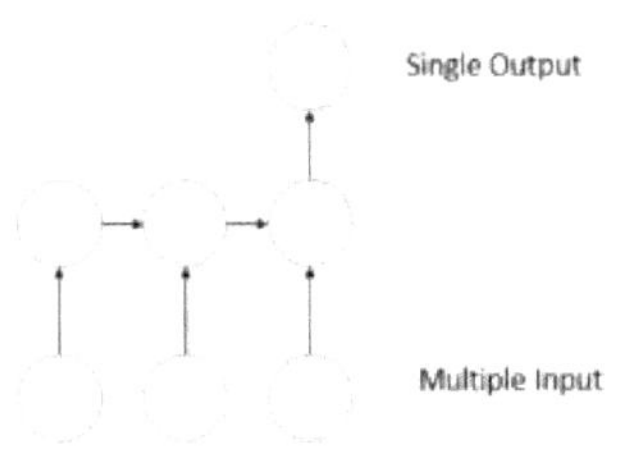

Fig. 5.4: RNN de muitos para um

Muitos para muitos

Neste tipo de rede neuronal, existem várias entradas e várias saídas correspondentes a um problema. Um exemplo deste problema é a tradução de línguas. Na tradução de línguas, fornecemos várias palavras de uma língua como entrada e prevemos várias palavras da segunda língua como saída.

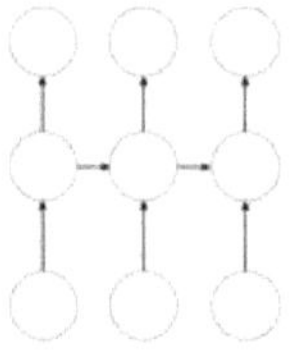

Fig 5.5: RNN de muitos para muitos

5. 1. 6 Variação da Rede Neuronal Recorrente (RNN)

Para ultrapassar problemas como o desaparecimento do gradiente e a descida do gradiente explosivo, foram criadas várias novas versões avançadas de RNNs, algumas das quais são as seguintes

1. Rede Neuronal Bidirecional (BiNN)
2. Memória longa de curto prazo (LSTM)

Rede Neuronal Bidirecional (BiNN)

Uma BiNN é uma variação de uma Rede Neuronal Recorrente em que a informação de entrada flui em ambas as direcções e depois a saída de ambas as direcções é combinada para produzir a entrada. A BiNN é útil em situações em que o contexto da entrada é mais importante, como nas tarefas de PNL e nos problemas de análise de séries temporais.

Memória longa de curto prazo (LSTM)

A Memória de Curto Prazo Longa funciona com base no princípio ler-escrever-e-esquecer, em que, dada a informação de entrada, a rede lê e escreve a informação mais útil dos dados e esquece a informação que não é importante para prever o resultado. Para o efeito, são introduzidas três novas portas na RNN. Desta forma, apenas a informação selecionada passa pela rede.

5. 2 RNN bidirecional

Embora as RNNs convencionais possam lidar com seqüências de comprimento variável, elas às vezes têm problemas com o problema do gradiente de desaparecimento. Os gradientes durante a retropropagação tornam-se extremamente pequenos neste ponto, o que torna difícil para a rede aprender com os dados. Para resolver este problema, foram criadas muitas versões de RNNs, como LSTMs e GRUs, que utilizam métodos de gating para regular o fluxo de informações e melhorar a aprendizagem.

Uma arquitetura de rede neuronal denominada rede neuronal recorrente bidirecional (BRNN) foi concebida para processar dados sequenciais. Para que a rede possa utilizar informações do contexto passado e futuro nas suas previsões, as redes neuronais recorrentes bidireccionais processam as sequências de entrada em ambas as direcções, para a frente e para trás. Esta é a principal distinção entre as BRNN e as redes neuronais recorrentes convencionais.

Uma BRNN tem duas camadas ocultas recorrentes distintas, uma das quais processa a sequência de entrada para a frente e a outra processa-a para trás. Em seguida, os resultados destas camadas ocultas são recolhidos e introduzidos numa camada final de previsão.

Qualquer célula de rede neuronal recorrente, como a Long Short-Term Memory (LSTM) ou a Gated Recurrent Unit, pode ser utilizada para criar as camadas ocultas recorrentes.
A BRNN funciona de forma semelhante às redes neuronais recorrentes convencionais no sentido da progressão, actualizando o estado oculto em função da entrada atual e do estado oculto anterior em cada passo de tempo. A camada oculta para trás, por outro lado, analisa a sequência de entrada de forma oposta, actualizando o estado oculto com base na entrada atual e no estado oculto do passo de tempo seguinte.
Em comparação com as redes neurais recorrentes unidireccionais convencionais, a precisão da BRNN é melhorada, uma vez que pode processar informações em ambas as direcções e ter em conta contextos passados e futuros. Uma vez que as duas camadas ocultas podem complementar-se mutuamente e fornecer mais dados à camada de previsão final, a utilização de duas camadas ocultas distintas também oferece um tipo de regularização do modelo.
A fim de atualizar os parâmetros do modelo, os gradientes são calculados para as passagens para a frente e para trás da técnica de retropropagação através do tempo que é normalmente utilizada para treinar BRNNs. A sequência de entrada é processada pelo BRNN numa única passagem para a frente no momento da inferência, e as previsões são feitas com base nas saídas combinadas das duas camadas ocultas.

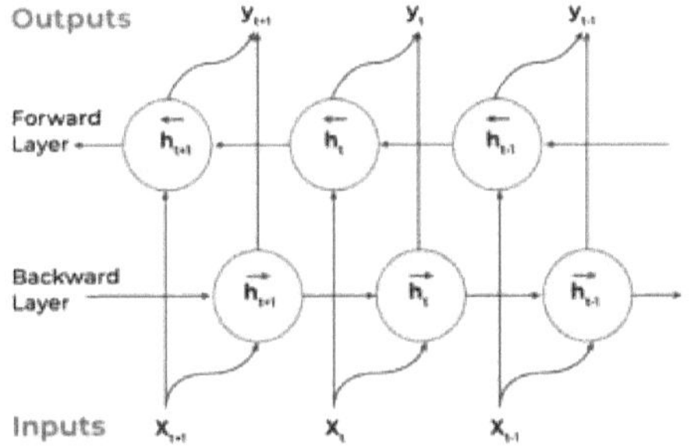

Fig 5.6: Arquitetura RNN bidirecional

5. 2. 1 Funcionamento da Rede Neuronal Recorrente Bidirecional

1. **Introdução de uma sequência:** Uma sequência de pontos de dados, cada um representado como um vetor com a mesma dimensionalidade, é introduzida numa BRNN. A sequência pode ter comprimentos diferentes.
2. **Processamento duplo:** São utilizadas as direcções para a frente e para trás para processar os dados. Com base na entrada nesse passo e no estado oculto no passo t-1, o estado oculto no passo de tempo t é determinado na direção para a frente. A entrada no passo t e o estado oculto no passo t+1 são utilizados para calcular o estado oculto no passo t de forma inversa.
3. **Cálculo do estado oculto:** Uma função de ativação não linear sobre a soma ponderada da entrada e do estado oculto anterior é utilizada para calcular o estado oculto em cada etapa. Isso cria um mecanismo de memória que permite que a rede se lembre de dados de etapas anteriores do processo.
4. **Determinação da saída:** É utilizada uma função de ativação não linear para determinar a saída em cada passo a partir da soma ponderada do estado oculto e de um número de pesos de saída. Esta saída tem duas opções: pode ser a saída final ou a entrada para outra camada da rede.
5. **Treinamento:** A rede é treinada através de uma abordagem de aprendizagem

supervisionada em que o objetivo é minimizar a discrepância entre a saída prevista e a saída real. A rede ajusta os seus pesos nas ligações entrada-oculta e oculta-saída durante o treino através de retropropagação.

Para calcular a saída de uma unidade RNN, utilizamos a seguinte fórmula:

H_t (Adiante) = A(X_t * W_{XH} (Adiante) + H_{t-1} (Adiante) * W_{HH} (Adiante) + b_H (Adiante)

H_t (Retrocesso) = A(X_t * W_{XH} (Retrocesso) + H_{t+1} (Retrocesso) * W_{HH} (Retrocesso) + b_H (Retrocesso) em que,

A = função de ativação,

W = matriz de pesos

b = polarização

O estado oculto no tempo t é dado por uma combinação de H_t (Forward) e H_t (Backward). A saída em qualquer estado oculto é :

$Y_t = H_t * W_{AY} + b_y$

O treino de uma BRNN é semelhante ao algoritmo de retropropagação através de um tempo. O algoritmo BPTT funciona da seguinte forma:

- Implementar a rede e calcular os erros em cada iteração
- Atualizar os pesos e atualizar a rede.

No entanto, como as passagens para a frente e para trás numa BRNN ocorrem simultaneamente, a atualização dos pesos para os dois processos pode ocorrer ao mesmo tempo. Isso produz resultados imprecisos. Assim, a abordagem a seguir é usada para treinar uma BRNN para acomodar as passagens para frente e para trás individualmente.

5. 2. 2 Aplicações da Rede Neuronal Recorrente Bidirecional

Os Bi-RNNs têm sido aplicados a várias tarefas de processamento de linguagem natural (PNL), incluindo:

- **Análise de sentimentos:** Ao ter em conta o contexto anterior e posterior, as BRNNs podem ser utilizadas para categorizar o sentimento de uma determinada frase.
- **Reconhecimento de entidades nomeadas:** Ao considerar o contexto antes e depois da afirmação, as BRNNs podem ser utilizadas para identificar essas entidades numa frase.
- **Etiquetagem de partes do discurso:** A classificação das palavras de uma frase nas partes do discurso correspondentes, como substantivos, verbos, adjectivos, etc., pode ser feita utilizando BRNNs.
- **Tradução automática:** As BRNNs podem ser utilizadas em modelos codificador-descodificador para tradução automática, em que o descodificador cria a frase de destino e o codificador analisa a frase de origem em ambas as direcções para captar o seu contexto.
- **Reconhecimento da fala:** Quando o sinal de voz de entrada é processado em ambas as direcções para captar a informação contextual, as BRNNs podem ser utilizadas em sistemas de reconhecimento automático da fala.

5. 2. 3 Vantagens da RNN bidirecional

- **Contexto do passado e do futuro:** Com a capacidade de processar a entrada sequencial tanto para a frente como para trás, os BRNNs fornecem uma compreensão completa do contexto total de uma sequência. Por esse motivo, as BRNNs são eficazes em tarefas como análise de sentimentos e reconhecimento de fala.
- **Maior precisão:** as BRNNs produzem frequentemente respostas mais precisas, uma vez que têm em conta dados históricos e futuros.
- **Tratamento eficiente de sequências de comprimento variável:** Quando comparadas com as RNNs convencionais, que exigem que o preenchimento tenha um comprimento

constante, as BRNNs estão melhor equipadas para lidar com sequências de comprimento variável.

- **Resiliência ao ruído e à informação irrelevante:** As redes BRNN podem ser resistentes ao ruído e a dados irrelevantes presentes nos dados. Isto deve-se ao facto de tanto o caminho para a frente como para trás oferecerem informações úteis que apoiam as previsões feitas pela rede.
- **Capacidade de lidar com dependências sequenciais:** As BRNNs podem captar ligações de longo prazo entre partes da sequência, o que as torna extremamente hábeis no tratamento de dependências sequenciais complicadas.

5. 2. 4 Desvantagens da RNN bidirecional

- **Complexidade computacional:** Dado que analisam os dados tanto para a frente como para trás, as BRNNs podem ser computacionalmente dispendiosas devido ao aumento do número de cálculos necessários.
- **Tempo de treino longo**: As BRNNs também podem demorar algum tempo a treinar porque há muitos parâmetros a otimizar, especialmente quando se utilizam conjuntos de dados enormes.
- **Dificuldade de paralelização:** Devido ao requisito de processamento sequencial nas direcções para a frente e para trás, as BRNNs podem ser difíceis de paralelizar.
- **Sobreajuste:** Os BRNNs são propensos ao sobreajuste, uma vez que incluem muitos parâmetros que podem resultar em modelos demasiado complicados, especialmente quando treinados em conjuntos de dados curtos.
- **Interpretabilidade:** Devido ao processamento de dados em ambas as direcções, para a frente e para trás, as BRNNs podem ser complicadas de interpretar, uma vez que pode ser difícil compreender o que o modelo está a fazer e como está a produzir previsões.

5. 3 Memória de curto prazo longa

A Rede de Memória de Curto Prazo é uma rede neural sequencial de aprendizagem profunda que permite a persistência da informação. É um tipo especial de Rede Neural Recorrente que é capaz de lidar com o problema do gradiente de desaparecimento enfrentado pela RNN. A LSTM foi concebida por Hochreiter e Schmidhuber para resolver o problema causado pelas RNN tradicionais e pelos algoritmos de aprendizagem automática. A LSTM pode ser implementada em Python utilizando a biblioteca Keras.

Digamos que, ao ver um vídeo, nos lembramos da cena anterior, ou ao ler um livro, sabemos o que aconteceu no capítulo anterior. As RNN funcionam de forma semelhante; recordam a informação anterior e utilizam-na para processar a entrada atual. O defeito das RNN é que não conseguem lembrar-se das dependências a longo prazo devido ao desaparecimento do gradiente. Os LSTMs são explicitamente concebidos para evitar problemas de dependência a longo prazo.

O que é o LSTM?

LSTM (Long Short-Term Memory) é uma arquitetura de rede neural recorrente (RNN) amplamente utilizada na Aprendizagem Profunda. Ela se destaca na captura de dependências de longo prazo, tornando-a ideal para tarefas de previsão de sequência.

Ao contrário das redes neurais tradicionais, a LSTM incorpora ligações de feedback, permitindo-lhe processar sequências inteiras de dados e não apenas pontos de dados individuais. Isto torna-a altamente eficaz na compreensão e previsão de padrões em dados sequenciais, como séries temporais, texto e discurso. A LSTM tornou-se uma ferramenta poderosa na inteligência artificial e na aprendizagem profunda, permitindo avanços em vários domínios ao descobrir informações valiosas a partir de dados sequenciais.

5. 3. 1 Arquitetura LSTM

A memória de curto prazo resolve o problema do gradiente decrescente enfrentado pela RNN. Esta secção especifica como se resolve este problema através da aprendizagem da arquitetura da LSTM. A um nível elevado, a LSTM funciona de forma muito semelhante a uma célula RNN. Eis o funcionamento interno da rede LSTM. A arquitetura da rede LSTM é composta por três partes, como mostra a imagem abaixo, e cada parte desempenha uma função individual.

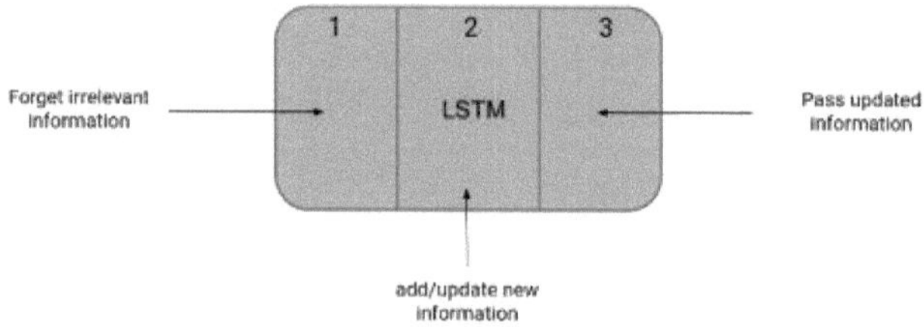

Fig. 5.7: Componentes LSTM

A lógica subjacente ao LSTM

A primeira parte escolhe se a informação proveniente do registo temporal anterior deve ser recordada ou se é irrelevante e pode ser esquecida. Na segunda parte, a célula tenta aprender novas informações a partir da entrada para esta célula. Por fim, na terceira parte, a célula passa a informação actualizada da hora atual para a hora seguinte. Este ciclo do LSTM é considerado um passo de tempo único.

Estas três partes de uma unidade LSTM são conhecidas como portas. Controlam o fluxo de informação que entra e sai da célula de memória ou célula LSTM. A primeira porta chama-se **Forget gate (porta de esquecimento), a** segunda porta é conhecida como **Input gate (porta de entrada)** e a última é **a Output gate (porta de saída)**. Uma unidade LSTM que consiste nestas três portas e numa célula de memória ou célula LSTM pode ser considerada como uma camada de neurónios numa rede neuronal feedforward tradicional, em que cada neurónio tem uma camada oculta e um estado atual.

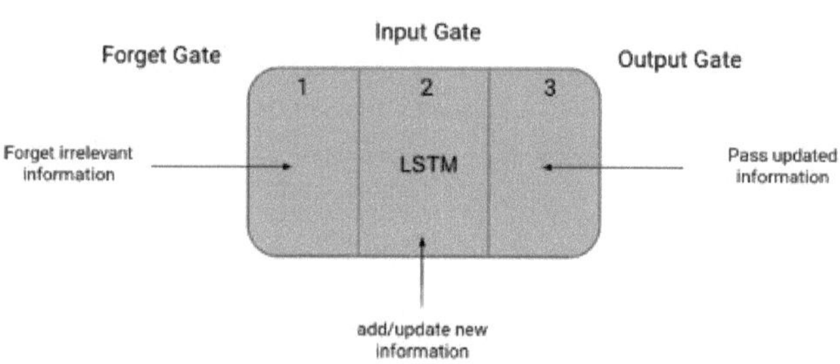

Fig. 5.8: Portas LSTM bidireccionais

Tal como uma RNN simples, uma LSTM também tem um estado oculto, em que H(t-1) representa o estado oculto da marca temporal anterior e Ht é o estado oculto da marca temporal atual. Além disso, o LSTM também tem um estado de célula representado por C(t-1) e C(t) para as marcas temporais anterior e atual, respetivamente.

Aqui o estado oculto é conhecido como memória de curto prazo e o estado da célula é

conhecido como memória de longo prazo

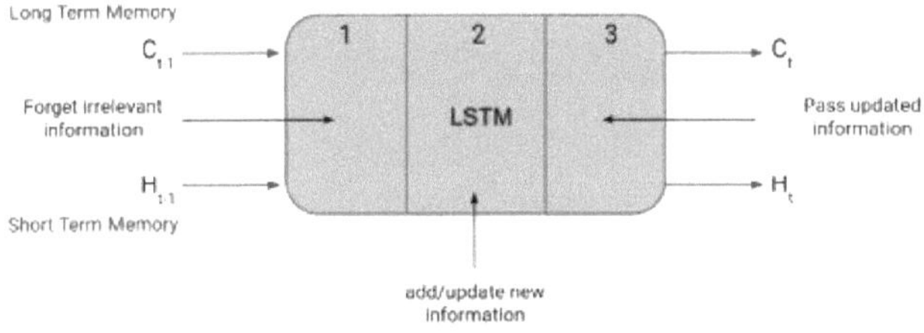

Fig 5.9: Estado da célula do LSTM

É interessante notar que o estado da célula transporta a informação juntamente com todos os registos de data e hora.

HM

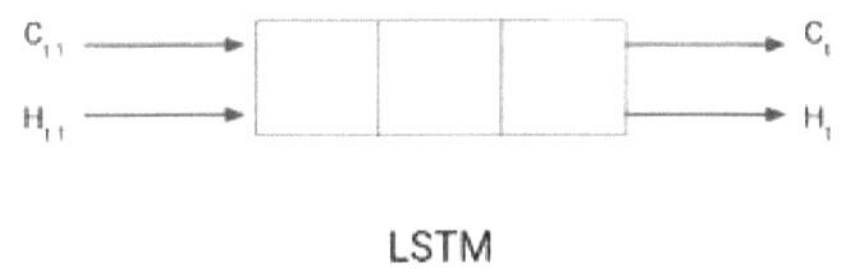

Bob is a nice person. Dan on the other hand is evil.

O Bob é uma boa pessoa. O Dan, por outro lado, é mau.

Fig 5.10: Estados das células e registo de tempo do LSTM

Exemplo de funcionamento da LTSM

Vejamos um exemplo para perceber como funciona o LSTM. Aqui temos duas frases separadas por um ponto final. A primeira frase é "O Bob é uma boa pessoa" e a segunda frase é "O Dan, por outro lado, é mau". É muito claro que, na primeira frase, estamos a falar do Bob e, assim que encontramos o ponto final(.), começamos a falar do Dan.

Quando passamos da primeira para a segunda frase, a nossa rede deve perceber que já não estamos a falar do Bob. Agora o nosso sujeito é o Dan. Aqui, a porta Esquecer da rede permite-lhe esquecer o assunto. Vamos entender os papéis desempenhados por essas portas na arquitetura LSTM.

Esquecer o portão

Numa célula da rede neural LSTM, o primeiro passo é decidir se devemos manter a informação do passo de tempo anterior ou esquecê-la. Eis a equação para a porta de esquecimento.

Esquece o Gate:

- $f_t = \sigma(x_t * U_f + H_{t-1} * W_f)$

Vamos tentar entender a equação, aqui

- Xt: entrada para o carimbo de data/hora atual.
- Uf: peso associado à entrada
- Ht-1: O estado oculto do registo de data/hora anterior
- Wf: É a matriz de pesos associada ao estado oculto
- Posteriormente, é-lhe aplicada uma função sigmoide. Isso fará com que ft seja um número entre 0 e 1.

$C_{t-1} * f_t = 0$ ...if $f_t = 0$ (forget everything)

$C_{t-1} * f_t = C_{t-1}$ ...if $f_t = 1$ (forget nothing)

Porta de entrada

Vejamos outro exemplo.

"O Bob sabe nadar. Disse-me por telefone que tinha servido a marinha durante quatro longos anos."

Portanto, em ambas as frases, estamos a falar do Bob. No entanto, ambas dão diferentes tipos de informação sobre o Bob. Na primeira frase, obtemos a informação de que ele sabe nadar. Já a segunda frase diz que ele usa o telefone e serviu na marinha durante quatro anos. Agora pensa um pouco, com base no contexto dado na primeira frase, que informação na segunda frase é crítica? Primeiro, ele usou o telefone para contar, ou ele serviu na marinha. Neste contexto, não importa se ele usou o telefone ou qualquer outro meio de comunicação para passar a informação. O facto de ter estado na marinha é uma informação importante, e é algo que queremos que o nosso modelo memorize para computação futura. Esta é a tarefa da porta de entrada.

A porta de entrada é utilizada para quantificar a importância da nova informação transportada pela entrada. Eis a equação da porta de entrada

Porta de entrada:

- $i_t = \sigma(x_t * U_i + H_{t-1} * W_i)$

Aqui,

- Xt: Entrada na hora atual t
- Ui: matriz de pesos da entrada
- Ht-1: Um estado oculto na hora anterior
- Wi: Matriz de peso da entrada associada ao estado oculto

Mais uma vez, aplicámos a função sigmoide sobre este valor. Como resultado, o valor de I na hora t estará entre 0 e 1.

Novas informações

$N_t = \tanh(x_t * U_c + H_{t-1} * W_c)$ (new information)

Agora, a nova informação que precisa de ser passada para o estado da célula é uma função de um estado oculto na hora anterior t-1 e da entrada x na hora t. A função de ativação aqui é tanh. Se o valor de Nt for negativo, a informação é subtraída do estado da célula e, se o valor for positivo, a informação é adicionada ao estado da célula na hora atual.

No entanto, o Nt não será adicionado diretamente ao estado da célula. Aqui está a equação actualizada:

$C_t = f_t * C_{t-1} + i_t * N_t$ (updating cell state)

Aqui, Ct-1 é o estado da célula na hora atual, e os outros são os valores que calculámos anteriormente.

Porta de saída

Agora considere esta frase.

"Bob lutou sozinho contra o inimigo e morreu pelo seu país. Pelas suas contribuições, corajoso ."

Durante esta tarefa, temos de completar a segunda frase. Agora, no momento em que vemos a palavra brave, sabemos que estamos a falar de uma pessoa. Na frase, só o Bob é corajoso, não podemos dizer que o inimigo é corajoso, ou que o país é corajoso. Assim, com base na expetativa atual, temos de dar uma palavra relevante para preencher o espaço em branco. Essa palavra é a nossa saída, e esta é a função da nossa porta de saída.

Aqui está a equação da porta de saída, que é bastante semelhante às duas portas anteriores.

Porta de saída:

- $o_t = \sigma(x_t * U_o + H_{t-1} * W_o)$

O seu valor também se situará entre 0 e 1 devido a esta função sigmoide. Agora, para calcular o estado oculto atual, utilizaremos Ot e tanh do estado atualizado da célula. Como mostrado abaixo.

$H_t = o_t * \tanh(C_t)$

Verifica-se que o estado oculto é uma função da memória de longo prazo (Ct) e da saída atual. Se precisar de obter a saída da hora atual, basta aplicar a ativação SoftMax no estado oculto Ht.

$\text{Output} = \text{Softmax}(H_t)$

Aqui, o token com a pontuação máxima na saída é a previsão.

Este é o diagrama mais intuitivo da rede LSTM.

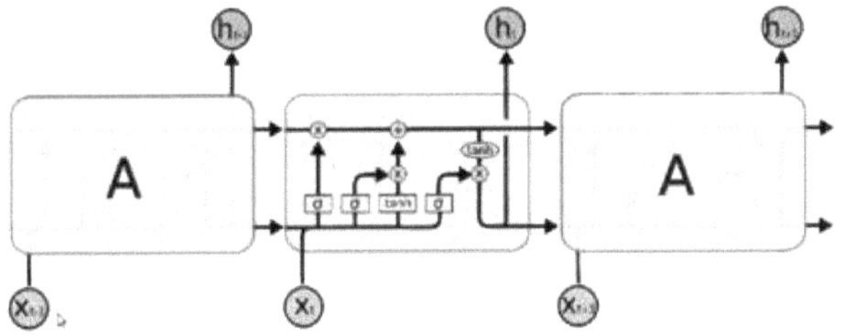

Fig. 5.11: Arquitetura LSTM

5. 3. 2 Comparação entre LTSM e RNN

Aspeto	LSTM (Memória de Curto Prazo Longa)	RNN (Rede Neural Recorrente)
Arquitetura	Um tipo de RNN com células de memória adicionais	Um tipo básico de RNN
Retenção de memória	Trata as dependências a longo prazo e evita o problema do gradiente de desaparecimento	Problemas com as dependências a longo prazo e o problema do gradiente de desaparecimento
Estrutura celular	Estrutura celular complexa com portas de entrada, saída e esquecimento	Estrutura celular simples com apenas um estado oculto
Manuseamento Sequências	Adequado para o processamento de dados sequenciais	Também concebido para dados sequenciais, mas com memória limitada
Eficiência da	Processo de formação mais lento devido	Processo de formação mais

formação	à maior complexidade	rápido devido a uma arquitetura mais simples
Desempenho em sequências longas	Melhor desempenho em sequências longas	Lutas para manter informações sobre longo sequências
Utilização	Mais adequado para tarefas que exigem memória de longo prazo, como a tradução de línguas e a análise de sentimentos	Adequado para tarefas sequenciais simples, como a previsão de séries cronológicas
Desaparecimento Problema do gradiente	Resolve o problema do gradiente de fuga	Propenso ao problema do gradiente de fuga

Resumo do LSTM

O que são LSTMs bidireccionais?

As LSTMs (Long Short-Term Memory) bidireccionais são um tipo de arquitetura de rede neuronal recorrente (RNN) que processa os dados de entrada em ambas as direcções, para a frente e para trás. Numa LSTM tradicional, a informação flui apenas do passado para o futuro, fazendo previsões com base no contexto anterior. No entanto, nas LSTMs bidireccionais, a rede também considera o contexto futuro, o que lhe permite captar dependências em ambas as direcções.

O LSTM bidirecional é composto por duas camadas LSTM, uma das quais processa a sequência de entrada no sentido para a frente e a outra no sentido para trás. Isto permite que a rede aceda simultaneamente a informações de passos de tempo passados e futuros. Consequentemente, os LSTM bidireccionais são particularmente úteis para tarefas que exigem uma compreensão abrangente da sequência de entrada, como as tarefas de processamento de linguagem natural, como a análise de sentimentos, a tradução automática e o reconhecimento de entidades nomeadas.

Ao incorporar informações de ambas as direcções, os LSTMs bidireccionais aumentam a capacidade do modelo para captar dependências a longo prazo e fazer previsões mais precisas em dados sequenciais complexos.

Os modelos LSTM são amplamente utilizados na inteligência artificial para tarefas de processamento da linguagem natural, como a modelação da linguagem e a tradução automática. Outras aplicações dos LSTM são o reconhecimento da fala, a legendagem de imagens, o reconhecimento da escrita manual, a previsão de séries temporais através da aprendizagem de dados de séries temporais, etc.

5.4 Codificador - Descodificador Modelo sequência a sequência

Na aprendizagem profunda, muitos problemas complexos podem ser resolvidos através da construção de uma melhor arquitetura de rede neural. A RNN (Rede Neuronal Recorrente) e as suas variantes são muito úteis na aprendizagem sequência a sequência. A variante LSTM (Long Short-term Memory) da RNN é a célula mais utilizada em tarefas de aprendizagem de sequências de sequências.

A arquitetura codificador-descodificador para redes neuronais recorrentes é o **método de tradução automática** neuronal padrão que rivaliza e, em alguns casos, supera os métodos clássicos de tradução automática estatística.

Esta arquitetura é muito recente, tendo sido lançada apenas em 2014, embora tenha sido adoptada como a tecnologia principal do serviço de tradução da Google.

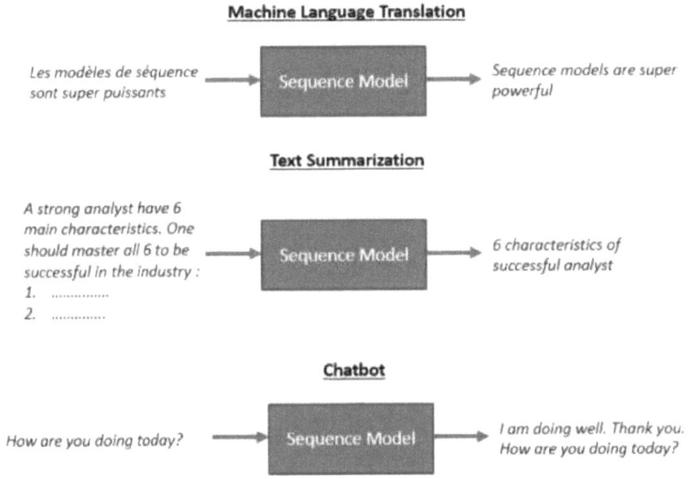

Fig. 5.12: Modelos de linguagem

5. 4. 1 Modelo codificador-descodificador

Existem três blocos principais no modelo codificador-descodificador,

- Codificador
- Vetor oculto
- Descodificador

O codificador converterá a sequência de entrada num vetor unidimensional (vetor oculto).
O descodificador converterá o vetor oculto na sequência de saída.
Os modelos codificador-descodificador são treinados conjuntamente para maximizar as probabilidades condicionais da sequência alvo dada a sequência de entrada.
Como funciona o modelo Sequência a Sequência?
Para compreender melhor a lógica subjacente ao modelo, vamos analisar a ilustração abaixo:

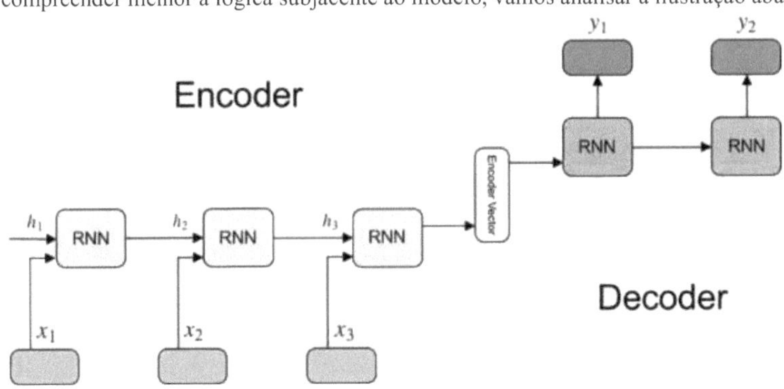

Fig. 5.13: Arquitetura do codificador-descodificador

Modelo codificador-descodificador sequência a sequência

Codificador

Podem ser empilhadas várias células RNN para formar o codificador. A RNN lê cada entrada sequencialmente

Para cada passo de tempo (cada entrada) t, o estado oculto (vetor oculto) h é atualizado de acordo com a entrada nesse passo de tempo X[i].

Depois de todas as entradas serem lidas pelo modelo do codificador, o estado oculto final do modelo representa o contexto/resumo de toda a sequência de entrada.

Exemplo: Considere-se a sequência de entrada "Eu sou um estudante" a ser codificada. Haverá um total de 4 passos temporais (4 tokens) para o modelo codificador. Em cada passo de tempo, o estado oculto h será atualizado utilizando o estado oculto anterior e a entrada atual.

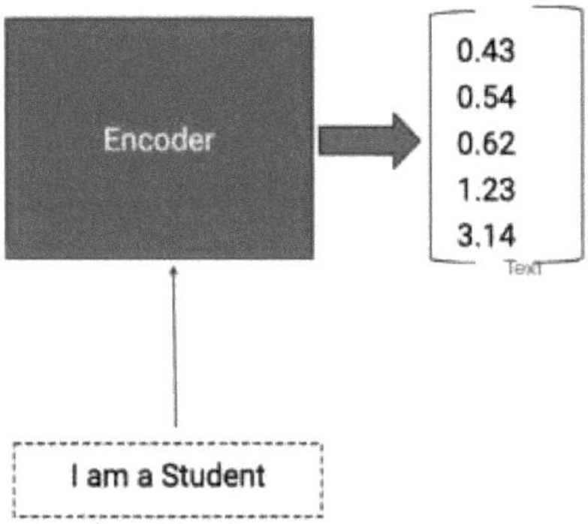

Fig. 5.14: Codificador

- No primeiro passo de tempo t1, o estado oculto anterior h0 será considerado como zero ou escolhido aleatoriamente. Assim, a primeira célula da RNN actualizará o estado oculto atual com a primeira entrada e h0. Cada camada produz duas coisas - o estado oculto atualizado e a saída para cada fase. As saídas em cada fase são rejeitadas e apenas os estados ocultos serão propagados para a camada seguinte.
- Os estados ocultos *h_i* são calculados utilizando a fórmula:

$$h_t = f(W^{(hh)}h_{t-1} + W^{(hx)}x_t)$$

- No segundo passo de tempo t2, o estado oculto h1 e a segunda entrada X[2] serão dados como entrada , e o estado oculto h2 será atualizado de acordo com ambas as entradas. Em seguida, o estado oculto h1 será atualizado com a nova entrada e produzirá o estado oculto h2. Isto acontece em todas as quatro fases relativamente ao exemplo dado.
- Uma pilha de várias unidades recorrentes (células LSTM ou GRU para um melhor desempenho) em que cada uma aceita um único elemento da sequência de entrada, recolhe informações para esse elemento e propaga-o para a frente.
- No problema de resposta a perguntas, a sequência de entrada é uma coleção de todas as palavras da pergunta. Cada palavra é representada por *x_i*, em que *i* é a ordem dessa palavra.

Esta fórmula simples representa o resultado de uma rede neural recorrente comum. Como se pode ver, basta aplicar os pesos adequados ao estado previamente oculto *h_(t-1)* e ao vetor de entrada x_t.

Vetor codificador

- Este é o estado oculto final produzido a partir da parte do codificador do modelo. É calculado utilizando a fórmula acima.
- Este vetor tem por objetivo encapsular as informações relativas a todos os elementos de entrada, a fim de ajudar o descodificador a fazer previsões precisas.
- Actua como o estado oculto inicial da parte descodificadora do modelo.

Descodificador

- O descodificador gera a sequência de saída prevendo a saída seguinte Yt dado o estado oculto ht.
- A entrada para o descodificador é o vetor oculto final obtido no final do modelo do codificador.
- Cada camada terá três entradas, o vetor oculto da camada anterior ht-1 e a saída da camada anterior yt-1, o vetor oculto original h.

Na primeira camada, o vetor de saída do codificador e o símbolo aleatório START, o estado oculto vazio ht-1 serão dados como entrada, as saídas obtidas serão y1 e o estado oculto atualizado h1 (a informação da saída será subtraída do vetor oculto).

A segunda camada terá o estado oculto atualizado h1 e a saída anterior y1 e o vetor oculto original h como entradas actuais, produzindo o vetor oculto h2 e a saída y2.

As saídas ocorridas em cada passo de tempo do descodificador são as saídas reais. O modelo irá prever a saída até que o símbolo END ocorra.

Uma pilha de várias unidades recorrentes em que cada uma prevê uma saída y_t num passo de tempo t.

Cada unidade recorrente aceita um estado oculto da unidade anterior e produz uma saída, bem como o seu próprio estado oculto.

No problema de resposta a perguntas, a sequência de saída é uma coleção de todas as palavras da resposta. Cada palavra é representada por y_i onde i é a ordem dessa palavra.

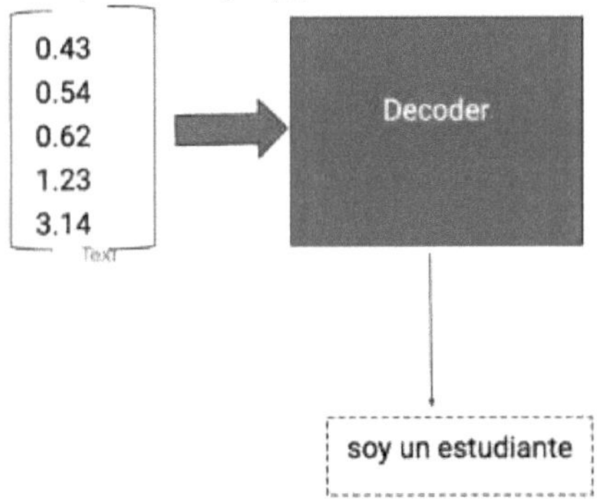

Fig. 5.15: Descodificador

Qualquer estado oculto h_i é calculado utilizando a fórmula:

$$h_t = f(W^{(hh)} h_{t-1})$$

Como pode ver, estamos apenas a utilizar o estado oculto anterior para calcular o seguinte.

Camada de saída

Utilizamos a função de ativação Softmax na camada de saída.
É utilizada para produzir a distribuição de probabilidades a partir de um vetor de valores com a classe-alvo de elevada probabilidade.
A saída y_t no passo de tempo t é calculada utilizando a fórmula:

$$y_t = softmax(W^S h_t)$$

Calculamos as saídas utilizando o estado oculto no passo de tempo atual juntamente com o respetivo peso W(S). O Softmax é utilizado para criar um vetor de probabilidade que nos ajudará a determinar o resultado final (por exemplo, palavra no problema de resposta a perguntas).
O poder deste modelo reside no facto de poder mapear sequências de diferentes comprimentos entre si. Como se pode ver, as entradas e saídas não estão correlacionadas e os seus comprimentos podem ser diferentes. Isto abre toda uma nova gama de problemas que podem agora ser resolvidos utilizando esta arquitetura.

5. 4. 2 Aplicações

Possui muitas aplicações, tais como

- Tradução automática da Google
- Chatbots de resposta a perguntas
- Reconhecimento de voz
- Aplicação de séries temporais, etc..,

Casos de utilização do modelo sequência a sequência

Um modelo sequência a sequência está na base de numerosos sistemas com que se depara diariamente. Por exemplo, o modelo seq2seq alimenta aplicações como o Google Translate, dispositivos de voz e chatbots em linha. De um modo geral, estas aplicações são compostas por:

- *Tradução automática* - um artigo de 2016 da Google mostra como a qualidade da tradução do modelo seq2seq "se aproxima ou ultrapassa todos os resultados atualmente publicados".

Fig. 5.16: Captura de ecrã da tradução do Google.

5.5 Rede Neuronal Recorrente Profunda

Até agora, apenas discutimos RNNs com uma única camada oculta unidirecional. Neste caso, a forma funcional específica da interação entre as variáveis latentes e as observações é bastante arbitrária. Isto não é um grande problema, desde que tenhamos flexibilidade suficiente para modelar diferentes tipos de interações. No entanto, com uma única camada, isto pode ser bastante difícil. No caso dos modelos lineares, resolvemos este problema adicionando mais camadas. No caso dos RNNs, isto é um pouco mais complicado, uma vez que primeiro precisamos de decidir como e onde adicionar não-linearidade extra.
De facto, poderíamos empilhar várias camadas de RNNs umas sobre as outras. Isto resulta num mecanismo flexível, devido à combinação de várias camadas simples. Em particular, os dados podem ser relevantes em diferentes níveis da pilha. Por exemplo, podemos querer manter disponíveis dados de alto nível sobre as condições do mercado financeiro (mercado

em baixa ou em alta), enquanto a um nível inferior apenas registamos a dinâmica temporal a curto prazo.

Para além de toda a discussão abstrata acima referida, é provavelmente mais fácil compreender a família de modelos em que estamos interessados analisando a figura. Esta descreve uma RNN profunda com L camadas ocultas. Cada estado oculto é continuamente transmitido tanto para o passo de tempo seguinte da camada atual como para o passo de tempo atual da camada seguinte.

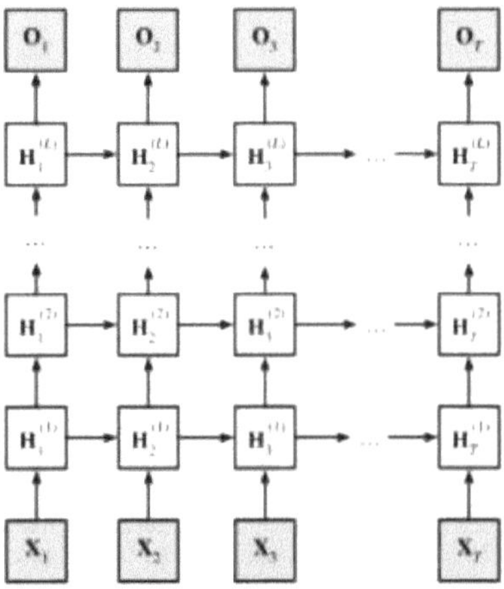

Fig. 5.17: Arquitetura RNN profunda

5.6 Rede Neural Recursiva

Um subconjunto de redes neuronais profundas, designado por redes neuronais recursivas (RvNN), é capaz de aprender dados organizados e pormenorizados. Ao utilizar repetidamente o mesmo conjunto de pesos em entradas estruturadas, a RvNN permite obter uma previsão estruturada. Recursivo refere-se à aplicação da rede neural à sua saída.

As redes neurais recursivas são capazes de tratar dados hierárquicos devido à sua estrutura em forma de árvore. Numa estrutura em árvore, os nós pais são criados pela união de nós filhos. Existe uma matriz de pesos para cada ligação filho-pai, e filhos comparáveis têm os mesmos pesos. Para permitir operações recursivas e a utilização dos mesmos pesos, o número de filhos de cada nó da árvore é fixo. Quando é necessário analisar uma frase inteira, são utilizadas RvNNs.

Adicionamos os produtos das matrizes de peso (W i) e dos filhos (C i) e utilizamos a transformação f para determinar a representação do nó pai.

$$h = f\left(\sum_{i=1}^{i=c} W_i C_i\right)$$

h refere-se ao número de filhos.

As redes neuronais recursivas são constituídas por uma classe arquitetónica, que funciona essencialmente com entradas estruturadas. As RNN são particularmente direcionadas para grafos acíclicos.

Trata-se de uma estrutura em árvore profunda. Para condições como a necessidade de analisar a frase completa, são utilizadas redes neurais recursivas. A sua topologia é semelhante à de uma árvore. As RNN permitem a ramificação de ligações e estruturas com hierarquias.

Utilizam principalmente redes neuronais recursivas para a previsão de resultados estruturados. A previsão é efectuada sobre estruturas de entrada de tamanho variável. Além disso, percorre uma determinada estrutura, também por ordem topológica. Também o fazem para previsões escalares. Mas há que ter em conta que a rede neural recursiva não responde apenas a entradas estruturadas, mas também funciona em contextos.

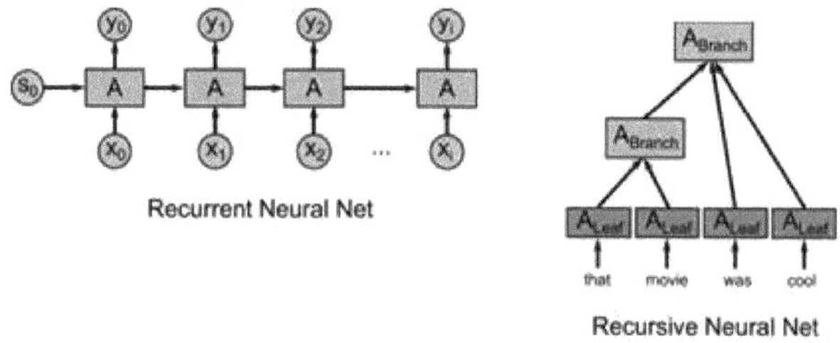

Fig. 5.18: **Rede Neural Recorrente vs. Redes Neurais Recursivas**

De acordo com as fontes mencionadas na Wikipédia, a rede neuronal recorrente é uma rede neuronal recursiva. Ambas as redes neuronais são designadas pelo mesmo acrónimo - RNN. Se as redes neuronais se repetirem ao longo de um período de tempo ou se se tratar de um tipo de cadeia de redes recorrentes, trata-se de uma rede neuronal recorrente. Em termos gerais, pertence à rede recursiva.

A imagem acima mostra a rede neural recursiva. Aqui, se reparar, verá que cada um dos nós pais, os seus filhos são um nó bastante semelhante ao nó pai. Por conseguinte, é evidente que a rede neuronal recorrente é mais semelhante a um tipo de rede hierárquica. Pode ver-se claramente que não existe aqui qualquer conceito de processamento estruturado de entrada e saída. É apenas efectuado de forma hierárquica em forma de árvore, sem especificações temporais e dependências associadas.

Por conseguinte, a principal diferença entre a rede neuronal recursiva e as redes neuronais recorrentes não está claramente bem definida. Verifica-se que a eficiência de qualquer rede neuronal recursiva é muito melhor do que a de uma rede feed-forward. As redes neuronais recorrentes são criadas numa estrutura semelhante a uma cadeia. Não existem métodos de ramificação, mas as redes neuronais recursivas são criadas sob a forma de uma estrutura em árvore profunda.

Redes Neurais Recursivas | Definição do princípio

Assim, para generalizar, as redes recorrentes não diferem das redes neurais recursivas. Mas, de facto, trata-se de uma rede neural recursiva. Há um facto relacionado com as redes recursivas: são intrinsecamente complexas e, por conseguinte, não são aceites numa plataforma mais vasta. Estas RNN são ainda mais dispendiosas em todas as fases e etapas da aprendizagem computacional.

Implementação da rede neural recursiva

Utilizamos uma Rede Neural Recursiva para a análise de sentimentos em frases. A análise de sentimentos de frases é uma das principais tarefas do NLP (Processamento de Linguagem Natural), que pode identificar o tom de escrita e os sentimentos dos escritores em qualquer frase específica. Quando um escritor exprime qualquer sentimento, são identificadas etiquetas básicas em torno do tom da escrita. Por exemplo, se o significado é uma forma construtiva de escrita ou escolhas de palavras negativas.

Por exemplo, no caso mencionado do conjunto de dados variável, este exprime cada emoção em classes distintas.

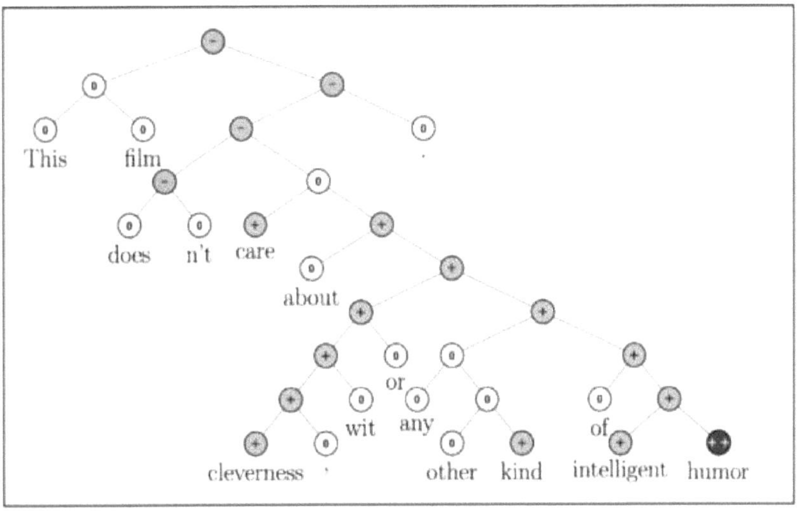

Fig. 5.19: **Redes neurais recursivas para análise sentimental**

Assim, se vir a imagem acima para a análise de sentimentos, esta é completamente implementada com a ajuda de algoritmos de Redes Neuronais Recursivas. A RNN é uma forma de rede neural recursiva que tem uma estrutura em árvore.

Capítulo 6

Codificadores automáticos

6.1 Codificadores automáticos

Uma utilização típica de uma **Rede Neuronal** é um caso de aprendizagem supervisionada. Envolve dados de treino que **contêm um rótulo de saída**. A rede neural tenta aprender o mapeamento da entrada dada para o rótulo de saída dado. Mas e se o rótulo de saída for substituído pelo próprio vetor de entrada? Então, a rede tentará encontrar o mapeamento da entrada para ela própria. Esta seria a função de identidade, que é um mapeamento trivial. **Mas se não for permitido à rede copiar simplesmente a entrada, então a rede será forçada a captar apenas as caraterísticas mais salientes**. Esta limitação abre um campo diferente de aplicações para as redes neuronais, que era desconhecido. As principais aplicações são a redução da dimensionalidade e a compressão de dados específicos.

6. 1. 1 Arquitetura dos autocodificadores

A rede é primeiro treinada com a entrada dada. A rede tenta reconstruir a entrada dada a partir das caraterísticas que recolheu e dá uma aproximação à entrada como saída. A etapa de formação envolve o cálculo do erro e a retropropagação do erro. A arquitetura típica de um codificador automático assemelha-se a um gargalo de garrafa. A estrutura esquemática de um codificador automático é a seguinte

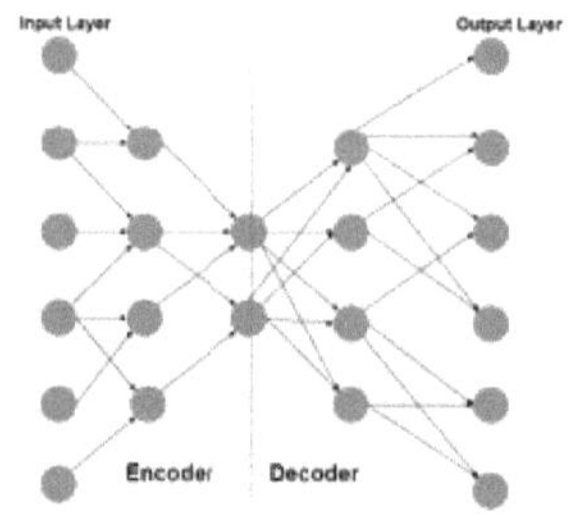

Fig. 6.1: Arquitetura dos Auto Codificadores

A parte codificadora da rede é utilizada para a **codificação e, por vezes, até para** efeitos **de compressão de dados**, embora **não** seja **muito eficaz em comparação com outras técnicas gerais de compressão, como o JPEG**. A codificação é efectuada pela parte codificadora da rede, que tem um **número decrescente de unidades ocultas** em cada camada. Assim, esta parte é forçada a captar apenas as caraterísticas mais significativas e representativas dos dados. A segunda metade da rede efectua a **função de descodificação**. Esta parte tem **um número crescente de unidades ocultas** em cada camada e tenta reconstruir a entrada original a partir dos dados codificados. Assim, os codificadores automáticos são uma **técnica de aprendizagem não supervisionada**.

No autoencoder, os dados de treino são ajustados a si próprios, por isso, em vez de ajustar X_train a Y_train, temos de utilizar X_train em ambos os sítios.

Formação de um codificador automático para a compressão de dados: Para um procedimento de compressão de dados, o aspeto mais importante da compressão é a fiabilidade da reconstrução dos dados comprimidos. Este requisito dita a estrutura do codificador automático como um estrangulamento. **Etapa 1: Codificação dos dados de entrada** O codificador automático tenta primeiro codificar os dados utilizando os pesos e as polarizações inicializadas.

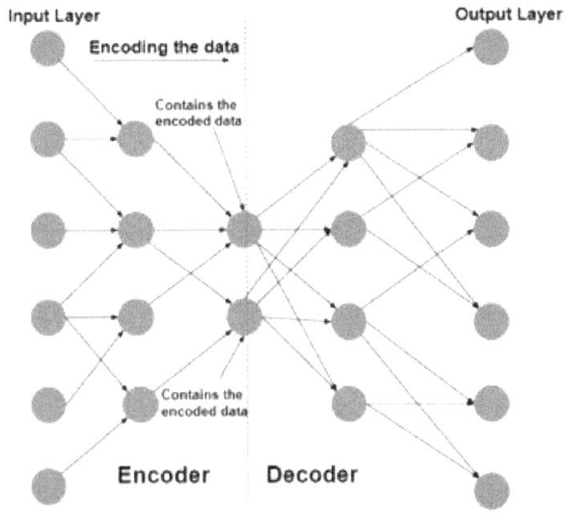

Fig. 6.2: Fluxo de dados nos codificadores dos autocodificadores

Passo 2: Descodificação dos dados de entrada O codificador automático tenta reconstruir a entrada original a partir dos dados codificados para testar a fiabilidade da codificação.

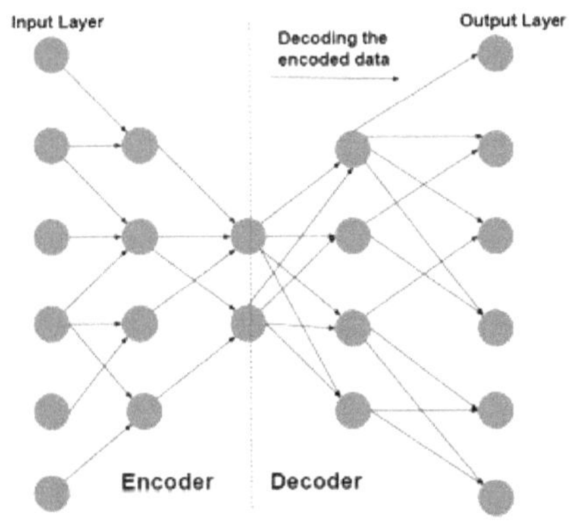

Fig. 6.3: Fluxo de dados nos descodificadores dos autocodificadores

Etapa 3: retropropagação do erro Após a reconstrução, a função de perda é calculada para determinar a fiabilidade da codificação. O erro gerado é retropropagado.

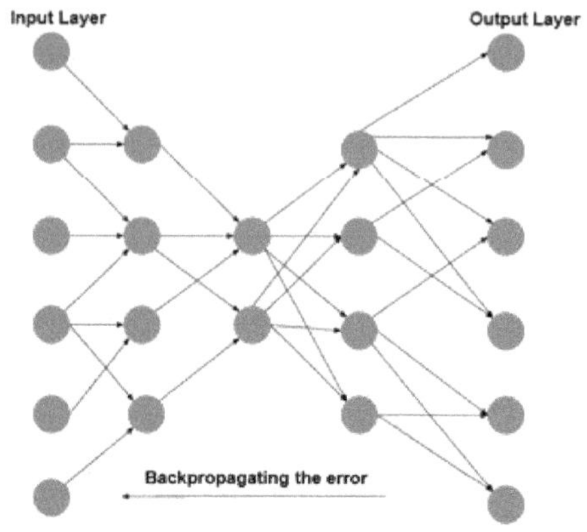

Fig. 6.4: Retropropagação do erro em codificadores automáticos

O processo de treino acima descrito é repetido várias vezes até se atingir um nível aceitável de reconstrução.

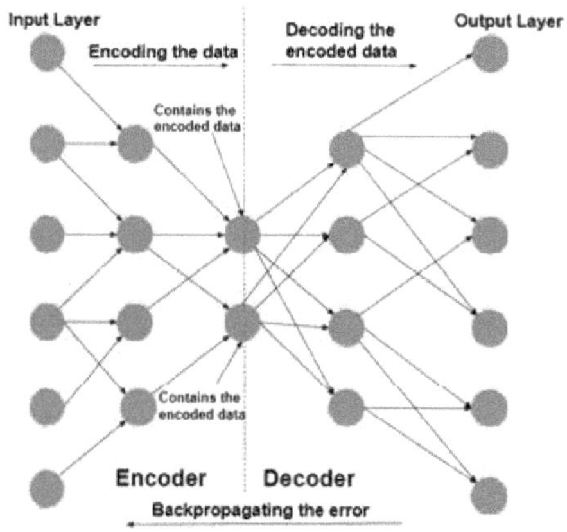

Fig. 6.5: Processo de formação iterado de codificadores automáticos

Após o processo de formação, apenas a parte codificadora do codificador automático é retida para codificar um tipo de dados semelhante ao utilizado no processo de formação. As diferentes formas de restringir a rede são

- **Manter camadas ocultas pequenas:** Se o tamanho de cada camada oculta for mantido o mais pequeno possível, a rede será forçada a captar apenas as caraterísticas representativas dos dados, codificando-os assim.
- **Regularização:** Neste método, **é adicionado um termo de perda** à função de custo que incentiva a rede a treinar de outras formas que não a cópia da entrada.
- **Denoising:** Outra forma de restringir a rede é **adicionar ruído à entrada** e ensinar a rede a remover o ruído dos dados.
- **Ajustar as funções de ativação:** Este método envolve a **alteração das funções de ativação de vários nós para que a maioria dos nós fique inativa**, reduzindo assim efetivamente o tamanho das camadas ocultas.

6. 1. 2 Vantagens e desvantagens dos Autoencoders

Tabela 6.1: Vantagens e desvantagens dos codificadores automáticos

Vantagens	Desvantagens
Ajuda na compressão de dados	Luta com dados complexos
Melhora a redução de ruído	Sobreajuste dos dados de treino
Simplifica dados complexos	Resultados difíceis de interpretar
Ajuda na deteção de anomalias	Dificuldade em lidar com dados ruidosos
Útil para extração de caraterísticas	Necessidade de muitos dados de formação

6. 1. 3 Variações dos Auto-Encodificadores

As diferentes variações dos codificadores automáticos e as vantagens e desvantagens da sua utilização são as seguintes

1. Codificador automático de redução de ruído: Este tipo de auto-codificador funciona com uma entrada parcialmente corrompida e treina-se para recuperar a imagem original não distorcida. Como já foi referido, este método é uma forma eficaz de impedir que a rede se limite a copiar a entrada, aprendendo assim a estrutura subjacente e as caraterísticas importantes dos dados.

Vantagens:

- Este tipo de autoencoder pode extrair caraterísticas importantes e reduzir o ruído ou as caraterísticas inúteis.
- Os autoencoders de redução de ruído podem ser utilizados como uma forma de aumento de dados, as imagens restauradas podem ser utilizadas como dados aumentados, gerando assim amostras de treino adicionais.

Desvantagens:

- A seleção do tipo e do nível de ruído a introduzir pode ser um desafio e pode exigir conhecimento do domínio.
- O processo de redução de ruído pode resultar na perda de alguma informação que é necessária a partir da entrada original. Esta perda pode afetar a precisão do resultado.

2. Autocodificador esparso: Este tipo de codificador automático contém normalmente mais unidades ocultas do que a entrada, mas apenas algumas podem estar activas de uma só vez. Essa propriedade é chamada de esparsidade da rede. A esparsidade da rede pode ser controlada zerando manualmente as unidades ocultas necessárias, ajustando as funções de ativação ou adicionando um termo de perda à função de custo.

Vantagens:

1. A restrição de esparsidade nos autoencodificadores esparsos ajuda a filtrar o ruído e as caraterísticas irrelevantes durante o processo de codificação.
2. Estes auto-codificadores aprendem frequentemente caraterísticas importantes e significativas devido à sua ênfase em activações esparsas.

Desvantagens:

1. A escolha dos hiperparâmetros desempenha um papel significativo no desempenho deste autoencoder. Diferentes entradas devem resultar na ativação de diferentes nós da rede.

2. A aplicação da restrição de esparsidade aumenta a complexidade computacional.

3. **Auto-codificador variacional**

> **Variational Auto-encoder:** This type of auto-encoder makes strong assumptions about the distribution of latent variables and uses the **Stochastic Gradient Variational Bayes** estimator in the training process. It assumes that the data is generated by a **Directed Graphical Model** and tries to learn an approximation to
>
> $q_{\phi}(z|x)$
>
> to the conditional property
>
> $q_{\theta}(z|x)$
>
> where
>
> ϕ
>
> and
>
> θ

Autocodificador variacional: Este tipo de codificador automático faz fortes suposições sobre a distribuição das variáveis latentes e utiliza o **Gradiente Estocástico** Estimador **de Bayes Variacional** no processo de formação. Assume que os dados são gerados por um **modelo gráfico direcionado** e tenta aprender uma aproximação à propriedade condicional

qe(z\x)

onde e

Vantagens:

1. Os codificadores automáticos variacionais são utilizados para gerar novos pontos de dados que se assemelham aos dados de treino originais. Estas amostras são aprendidas a partir do espaço latente.

2. O codificador automático variacional é uma estrutura probabilística que é utilizada para aprender uma representação comprimida dos dados que capta a sua estrutura e variações subjacentes, pelo que é útil na deteção de anomalias e na exploração de dados.

Desvantagens:

1. O codificador automático variacional utiliza aproximações para estimar a verdadeira distribuição das variáveis latentes. Esta aproximação introduz um certo nível de erro, que pode afetar a qualidade das amostras geradas.

2. As amostras geradas podem abranger apenas um subconjunto limitado da verdadeira distribuição de dados. Este facto pode resultar numa falta de diversidade nas amostras geradas.

4. **Autocodificador convolucional:** Os codificadores automáticos convolucionais são um tipo de codificador automático que utiliza redes neuronais convolucionais (CNN) como blocos de construção. O codificador é constituído por várias camadas que recebem uma imagem ou uma grelha como entrada e a fazem passar por diferentes camadas de convolução, formando assim uma representação comprimida da entrada. O descodificador é a imagem espelhada do codificador, desconvolve a representação comprimida e tenta reconstruir a imagem original.

Vantagens:

- O codificador automático convolucional pode comprimir dados de imagem de elevada dimensão em dados de dimensão inferior. Isto melhora a eficiência do armazenamento e a transmissão de dados de imagem.
- O codificador automático convolucional pode reconstruir partes em falta de uma imagem. Também pode tratar imagens com ligeiras variações na posição ou orientação do objeto.

Desvantagens:

- Estes codificadores automáticos são propensos a sobreajustes. Para resolver este problema, devem ser utilizadas técnicas de regularização adequadas.
- A compressão de dados pode causar perda de dados, o que pode resultar na reconstrução de uma imagem de qualidade inferior.

6. 2 Autoencodificadores regularizados

RAE significa "Regularized Autoencoder" (Autoencoder regularizado) e refere-se a um tipo específico de autoencoder que incorpora técnicas de regularização para evitar o sobreajuste e melhorar a generalização. O sobreajuste ocorre quando o modelo aprende a se ajustar ao ruído nos dados de treinamento e não aos padrões subjacentes, resultando em um desempenho ruim em dados novos e não vistos. A regularização é um método para restringir o modelo a fim de evitar o sobreajuste e melhorar sua capacidade de generalizar para novos dados.

Tipos de regularização

Existem vários tipos de regularização que podem ser utilizados com autoencoders, incluindo:

- **Regularização L1:** Este método adiciona uma penalidade à função de perda para a soma dos valores absolutos dos pesos do modelo. Isso incentiva o modelo a aprender representações esparsas, em que muitos dos pesos são definidos como zero.
- **Regularização L2:** Este método adiciona uma penalização à função de perda para a soma dos quadrados dos pesos do modelo. Isto incentiva o modelo a aprender pesos pequenos e diferentes de zero.
- **Desistência:** Este método define aleatoriamente uma fração das activações do modelo como zero durante cada iteração de treino. Isto ajuda a evitar que o modelo dependa demasiado de um único conjunto de activações.

Estimativa de densidade generativa

Uma forma de tornar um autoencoder generativo é utilizar uma técnica chamada estimativa de densidade *ex-post*. Isto envolve o ajustamento de uma mistura de distribuição gaussiana às incorporações do

dados de treino depois de o modelo ter sido treinado. A incorporação é a representação de baixa dimensão dos dados que o autoencoder aprende.

A mistura de distribuição gaussiana consiste numa soma ponderada de diferentes distribuições gaussianas, cada uma com a sua própria média e variância. Ao ajustar esta distribuição aos embeddings, o modelo pode gerar novos pontos de dados através de uma amostragem aleatória da distribuição. Isto permite-nos gerar novos dados que são semelhantes aos dados de treino, mas não idênticos.

Aplicações da RAE

A RAE pode ser útil numa variedade de aplicações, incluindo:

- **Redução de dimensionalidade:** A RAE pode ser usada para aprender uma representação comprimida de dados de alta dimensão, facilitando o trabalho e a visualização.
- **Extração de caraterísticas:** A RAE pode ser utilizada para extrair caraterísticas significativas dos dados de entrada, que podem depois ser utilizadas como entradas para outros modelos de aprendizagem automática.
- **Modelagem generativa:** A RAE pode ser utilizada para gerar novos pontos de dados que sejam semelhantes aos dados de treino, o que pode ser útil em tarefas de geração de imagens e texto.

Em geral, a RAE é uma ferramenta poderosa para aprender representações comprimidas de dados e gerar novos pontos de dados. Ao incorporar técnicas de regularização, pode evitar o sobreajuste e melhorar o desempenho em dados novos e não vistos. A utilização da estimativa de densidade generativa permite-lhe também ser utilizada em tarefas de modelação generativa.

6. 3 Autoencodificadores de redução de ruído

Os Autoencoders de Denoising são modelos de redes neurais que removem o ruído de dados corrompidos ou ruidosos, aprendendo a reconstruir os dados iniciais a partir da sua contraparte ruidosa. Treinamos o modelo para minimizar a disparidade entre os dados originais e os reconstruídos. Podemos empilhar estes autoencoders para formar redes profundas, aumentando o seu desempenho.

Além disso, adapte esta arquitetura para lidar com uma variedade de formatos de dados, incluindo imagens, áudio e texto. Além disso, pode personalizar o ruído, por exemplo, incluindo ruído salgado ou gaussiano. À medida que o DAE reconstrói a imagem, aprende efetivamente as caraterísticas de entrada, levando a uma melhor extração de representações latentes. É importante salientar que o Autoencoder de Denoising reduz a probabilidade de aprender a função de identidade em comparação com um autoencoder normal. Esta capacidade revela-se valiosa em problemas como o reconhecimento de imagens ou a deteção de fraudes, em que o objetivo é recuperar o sinal original a partir da sua forma ruidosa.

Um autoencoder é constituído por dois componentes principais:

- **Codificador:** Este componente mapeia os dados de entrada para uma representação ou codificação de baixa dimensão.
- **Descodificador:** Este componente devolve a codificação ao espaço de dados original.

Durante a fase de formação, apresentar ao codificador automático um conjunto de exemplos de entrada limpa juntamente com as suas correspondentes versões ruidosas. O objetivo é aprender uma tarefa utilizando uma arquitetura de codificador-descodificador que transforma eficazmente a entrada ruidosa em saída limpa.

6. 3. 1 Arquitetura da DAE

A arquitetura do codificador automático de redução de ruído (DAE) é semelhante a um codificador automático normal. É constituída por dois componentes principais:

Codificador

- O codificador cria uma rede neuronal equipada com uma ou mais camadas ocultas.
- O seu objetivo é receber dados de entrada com ruído e gerar uma codificação, que representa uma representação de baixa dimensão dos dados.
- Entenda um codificador como uma função de compressão porque a codificação tem menos parâmetros do que os dados de entrada.

Descodificador

- O descodificador actua como uma função de expansão, responsável pela reconstrução dos dados originais a partir da codificação comprimida.
- Toma como entrada a codificação gerada pelo codificador e reconstrói os dados originais.
- Tal como os codificadores, os descodificadores são implementados como redes neuronais com uma ou mais camadas ocultas.

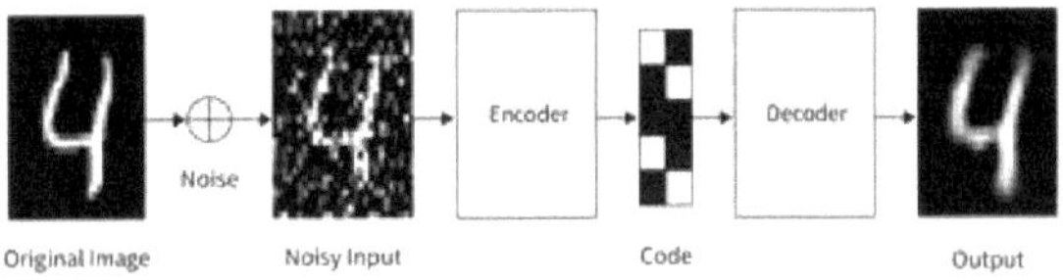

Fig. 6.6: Arquitetura do Autoencoder de Denoising

Durante a fase de formação, apresentar ao autoencoder de redução de ruído (DAE) uma coleção de exemplos de entrada limpos, juntamente com os seus respectivos homólogos ruidosos. O objetivo é adquirir uma função que mapeie uma entrada ruidosa para uma saída relativamente limpa utilizando uma arquitetura de codificador-descodificador. Para o conseguir, é normalmente utilizada uma função de perda de reconstrução para avaliar a disparidade entre a entrada limpa e a saída reconstruída. Um DAE é treinado minimizando esta perda através da utilização de retropropagação, que envolve a atualização dos pesos dos componentes do codificador e do descodificador.

As aplicações de Autoencoders de Denoising (DAEs) abrangem uma variedade de domínios, incluindo visão computacional, processamento de fala e processamento de linguagem natural.

Exemplos

- **Denoising de imagens**: As DAEs são eficazes na remoção de ruído de imagens, como o ruído Gaussiano ou o ruído salgado e pimenta.
- **Deteção de fraudes**: As DAE podem contribuir para a identificação de transacções fraudulentas, aprendendo a reconstruir transacções comuns a partir das suas contrapartes ruidosas.
- **Imputação de dados**: Para reconstruir valores em falta a partir dos dados disponíveis através da aprendizagem, os DAE podem facilitar a imputação de dados em conjuntos de dados com informações incompletas.
- **Compressão de dados**: As DAEs podem comprimir dados obtendo uma representação concisa dos dados no espaço de codificação.
- **Deteção de anomalias**: Utilizando DAEs, as anomalias num conjunto de dados podem ser detectadas treinando um modelo para reconstruir dados normais e, em seguida, assinalar entradas desafiantes como potencialmente anormais.

Denoising de imagens com Autoencoder de Denoising

Os autoencoders de redução de ruído (DAE) constituem uma solução poderosa para reconstruir os dados originais a partir da sua versão com ruído. Em particular, no que diz respeito à redução de ruído de imagens, os DAE podem ser extremamente eficazes. Ao fornecer uma imagem com ruído como entrada, o DAE cria uma versão reconstruída da imagem original. O processo de treinamento envolve a minimização da discrepância entre as imagens original e reconstruída. Uma vez concluída a formação, a DAE pode ser utilizada para eliminar o ruído indesejado e reconstruir a imagem original.

6.4 Poder de representação, tamanho e profundidade da camada

O teorema da aproximação universal afirma que uma rede feedforward com uma camada de saída linear e pelo menos uma camada oculta com qualquer função de ativação "esmagadora" (como a função de ativação sigmoide logística) pode aproximar qualquer função mensurável de Borel de um espaço finito para outro com qualquer quantidade desejada de erro diferente de zero, desde que a rede tenha unidades ocultas suficientes.

De acordo com o teorema da aproximação universal, existe uma rede suficientemente grande para atingir qualquer grau de precisão que desejemos.

Uma rede feedforward com uma única camada é suficiente para representar qualquer função, mas a camada pode ser incrivelmente grande e pode não conseguir aprender e generalizar corretamente. Em muitas circunstâncias, o uso de modelos mais profundos pode reduzir o número de unidades necessárias para representar a função desejada e pode reduzir a quantidade de erros de generalização.

Capítulo 7

Modelos geradores profundos

7.1.Máquina de Boltzmann

Uma máquina de Boltzmann é um modelo de aprendizagem profunda não supervisionado em que cada nó está ligado a todos os outros nós. É um tipo de rede neural recorrente e os nós tomam decisões binárias com um certo nível de enviesamento. Estas máquinas não são modelos determinísticos de aprendizagem profunda, são modelos estocásticos ou generativos de aprendizagem profunda. São representações de um sistema.

Uma máquina de Boltzmann tem dois tipos de nós,

- Nós visíveis: São nós que podem ser medidos e são medidos.
- Nós ocultos: São nós que não podem ser medidos ou não são medidos.

De acordo com alguns especialistas, uma máquina de Boltzmann pode ser designada por uma rede Hopfield estocástica que tem unidades ocultas. A máquina de Boltzmann tem uma rede de unidades com uma "energia" definida para toda a rede.

As máquinas de Boltzmann procuram atingir o equilíbrio térmico. Procuram essencialmente otimizar a distribuição global da energia. Mas a temperatura e a energia do sistema são relativas às leis da termodinâmica e não são literais.

Uma máquina de Boltzmann é constituída por um algoritmo de aprendizagem que lhe permite descobrir caraterísticas interessantes em conjuntos de dados compostos por vectores binários. O algoritmo de aprendizagem tende a ser lento em redes que têm muitas camadas de detectores de caraterísticas, mas é possível torná-lo mais rápido implementando uma camada de aprendizagem de detectores de caraterísticas.

Utilizam unidades binárias estocásticas para atingir o equilíbrio da distribuição de probabilidades (para minimizar a energia). É possível fazer com que várias máquinas de Boltzmann colaborem entre si para formar sistemas muito mais sofisticados, como as redes de crenças profundas.

A máquina de Boltzmann deve o seu nome a Ludwig Boltzmann, um cientista austríaco que inventou a distribuição de Boltzmann. No entanto, este tipo de rede foi desenvolvido pela primeira vez por Geoff Hinton, um cientista de Stanford.

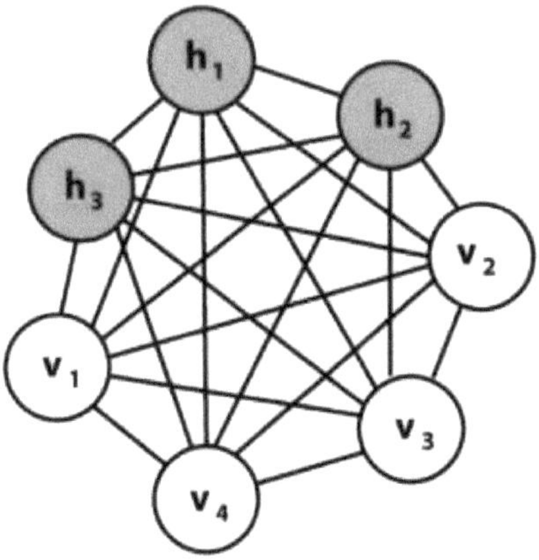

Fig 7.1 Máquina de Boltzmann

Para que são utilizadas as máquinas de Boltzmann?

O principal objetivo de uma máquina de Boltzmann é otimizar a solução de um problema. Para tal, optimiza os pesos e as quantidades relacionadas com o problema específico que lhe é atribuído. Esta técnica é utilizada quando o principal objetivo é criar um mapeamento e aprender com os atributos e variáveis alvo nos dados. Se o objetivo for identificar uma estrutura subjacente ou o padrão nos dados, os métodos de aprendizagem não supervisionada para este modelo são considerados mais úteis. Alguns dos métodos de aprendizagem não supervisionada mais utilizados são o agrupamento, a redução da dimensionalidade, a deteção de anomalias e a criação de modelos generativos.

Todas estas técnicas têm um objetivo diferente de detetar padrões, como identificar agrupamentos latentes, encontrar irregularidades nos dados ou mesmo gerar novas amostras a partir dos dados disponíveis. É até possível empilhar estas redes em camadas para construir redes neuronais profundas que captem estatísticas altamente complicadas. As máquinas de Boltzmann restritas também são amplamente utilizadas no domínio da imagiologia e do processamento de imagens porque têm a capacidade de modelar dados contínuos que são comuns às imagens naturais. São mesmo utilizadas para resolver problemas complicados de mecânica quântica de muitas partículas ou problemas de física estatística clássica, como os modelos das classes Ising e Potts.

Como é que uma máquina de Boltzmann funciona?

As máquinas de Boltzmann são modelos de aprendizagem profunda generativos não determinísticos (estocásticos) que têm apenas dois tipos de nós - nós ocultos e visíveis. Não têm quaisquer nós de saída, e é isso que lhes confere a caraterística não determinística. Aprendem padrões sem a típica saída do tipo 1 ou 0, através da qual os padrões são aprendidos e optimizados utilizando o Stochastic Gradient Descent.

A principal diferença é que, ao contrário de outras redes tradicionais (A/C/R) que não têm quaisquer ligações entre os nós de entrada, as máquinas de Boltzmann têm ligações entre os nós de entrada. Cada nó está ligado a todos os outros nós, independentemente do facto de serem nós de entrada ou nós ocultos. Isto permite-lhes partilhar informação entre si e gerar dados subsequentes. Só se mede o que está nos nós visíveis e não o que está nos nós ocultos. Após a entrada de dados, as máquinas de Boltzmann são capazes de captar todos os parâmetros, padrões e correlações entre os dados. É por este motivo que são conhecidas como modelos generativos profundos e pertencem à classe da aprendizagem profunda não supervisionada.

7. 1. 1 Tipos de máquinas de Boltzmann

Existem três tipos de máquinas de Boltzmann. São eles:

- Máquinas de Boltzmann restritas (RBMs)
- Redes de crenças profundas (DBNs)
- Máquinas de Boltzmann Profundas (DBMs)

Máquinas de Boltzmann restritas (RBMs)

Enquanto numa máquina de Boltzmann completa todos os nós estão ligados entre si e as ligações crescem exponencialmente, uma RBM tem certas restrições no que respeita às ligações dos nós.

Numa máquina de Boltzmann restrita, os nós ocultos não podem estar ligados entre si, enquanto os nós visíveis estão ligados entre si.

Redes de crenças profundas (DBNs)

Numa rede de crenças profundas, pode dizer-se que várias máquinas de Boltzmann restritas são empilhadas, de modo a que as saídas da primeira RBM sejam as entradas da RBM subsequente. As ligações dentro das camadas individuais são não direcionadas, enquanto as ligações entre camadas são direcionadas. No entanto, há uma exceção. A ligação entre as duas camadas superiores é não-direcionada.

Uma rede de crenças profundas pode ser treinada utilizando um algoritmo de treino Greedy Layer-wise ou um algoritmo Wake-Sleep.

Máquinas de Boltzmann Profundas (DBMs)

As Máquinas de Boltzmann Profundas são muito semelhantes às Redes de Crenças Profundas. A diferença entre estes dois tipos de máquinas de Boltzmann é que, enquanto as ligações entre camadas nas DBNs são direcionadas, nas DBMs, as ligações dentro das camadas, bem como as ligações entre as camadas, são todas não direcionadas.

7.2 Máquinas de Boltzmann restritas

A máquina de Boltzmann restrita (RBM) é um tipo de rede neural artificial utilizada para a aprendizagem não supervisionada. É um tipo de modelo generativo que é capaz de aprender uma distribuição de probabilidade sobre um conjunto de dados de entrada.

A RBM foi introduzida em meados dos anos 2000 por Hinton e Salakhutdinov como forma de resolver o problema da aprendizagem não supervisionada. É um tipo de rede neuronal que consiste em duas camadas de neurónios - uma camada visível e uma camada oculta. A camada visível representa os dados de entrada, enquanto a camada oculta representa um conjunto de caraterísticas que são aprendidas pela rede.

O RBM é designado por "restrito" porque não são permitidas as ligações entre os neurónios da mesma camada. Por outras palavras, cada neurónio da camada visível só está ligado aos neurónios da camada oculta, e vice-versa. Isto permite que o RBM aprenda uma representação comprimida dos dados de entrada, reduzindo a dimensionalidade da entrada.

A RBM é treinada utilizando um processo denominado divergência contrastiva, que é uma variante do algoritmo de descida gradiente estocástico. Durante o treino, a rede ajusta os pesos das ligações entre os neurónios de forma a maximizar a probabilidade dos dados de treino. Uma vez treinada, a RBM pode ser usada para gerar novas amostras a partir da distribuição de probabilidade aprendida.

A RBM tem encontrado aplicações numa vasta gama de domínios, incluindo a visão computacional, o processamento de linguagem natural e o reconhecimento da fala. Também tem sido utilizada em combinação com outras arquitecturas de redes neuronais, como as redes de crenças profundas e as redes neuronais profundas, para melhorar o seu desempenho.

O que são máquinas de Boltzmann?

Trata-se de uma rede de neurónios em que todos os neurónios estão ligados entre si. Nesta máquina, existem duas camadas denominadas camada visível ou camada de entrada e camada oculta. A camada visível é designada por **v** e a camada oculta é designada por **h.** Na máquina de Boltzmann, não existe camada de saída. As máquinas de Boltzmann são redes neuronais aleatórias e generativas capazes de aprender representações internas e de representar e (com tempo suficiente) resolver problemas combinatórios difíceis.

A distribuição de Boltzmann (também conhecida como **distribuição de Gibbs**) é parte integrante da mecânica estatística e explica o impacto de parâmetros como a entropia e a temperatura nos estados quânticos da termodinâmica. Por este motivo, é também conhecida como **Modelos Baseados na Energia (MBE)**. Foi inventado em 1985 por Geoffrey Hinton, na altura professor na Universidade Carnegie Mellon, e Terry Sejnowski, na altura professor na Universidade Johns Hopkins

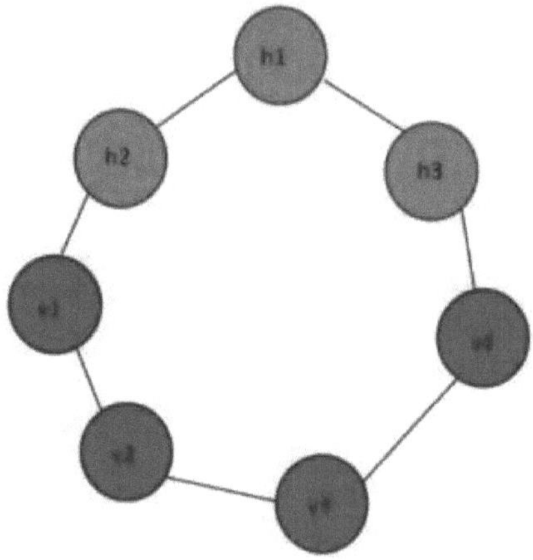

Fig 7.2 Máquina de Boltzmann restrita

O que são máquinas de Boltzmann restritas (RBM)?

Um termo restrito refere-se ao facto de não ser permitido ligar o mesmo tipo de camada entre si. Por outras palavras, os dois neurónios da camada de entrada ou da camada oculta não se podem ligar um ao outro. No entanto, a camada oculta e a camada visível podem ser ligadas entre si.

Como nesta máquina não existe uma camada de saída, coloca-se a questão de saber como identificar, ajustar os pesos e medir se a nossa previsão é exacta ou não. Todas as perguntas têm uma resposta, que é a máquina de Boltzmann restrita.

O algoritmo RBM foi proposto por Geoffrey Hinton (2007), que aprende a distribuição de probabilidades sobre as amostras de dados de treino. Tem sido amplamente aplicado em diferentes áreas da aprendizagem automática supervisionada/não supervisionada, como a aprendizagem de caraterísticas, a redução da dimensionalidade, a classificação, a filtragem colaborativa e a modelação de tópicos.

Considere-se o exemplo da classificação de um filme abordado na secção sobre sistemas de recomendação.

Filmes como Avengers, Avatar e Interstellar têm fortes associações com o mais recente fator de fantasia e ficção científica. Com base na classificação dos utilizadores, a RBM descobrirá factores latentes que podem explicar a ativação das escolhas de filmes. Em suma, a RBM descreve a variabilidade entre variáveis correlacionadas do conjunto de dados de entrada em termos de um número potencialmente menor de variáveis não observadas. A função de energia é dada por

7. 2. 1 Aplicações da máquina de Boltzmann restrita

As máquinas de Boltzmann restritas (RBM) têm encontrado numerosas aplicações em vários domínios, alguns dos quais são:

- **Filtragem colaborativa:** Os RBMs são amplamente utilizados na filtragem colaborativa para sistemas de recomendação. Aprendem a prever as preferências do utilizador com base no seu comportamento passado e recomendam itens que provavelmente serão do interesse do utilizador.

- **Processamento de imagem e vídeo:** As RBM podem ser utilizadas para tarefas de processamento de imagem e vídeo, como o reconhecimento de objectos, a redução de ruído da imagem e a reconstrução da imagem. Podem também ser utilizadas em tarefas como a segmentação e o seguimento de vídeos.
- **Processamento de linguagem natural:** Os mecanismos de referência podem ser utilizados para tarefas de processamento da linguagem natural, como a modelação da linguagem, a classificação de textos e a análise de sentimentos. Podem também ser utilizadas em tarefas como o reconhecimento e a síntese de voz.
- **Bioinformática:** As RBMs encontraram aplicações na bioinformática para tarefas como a previsão da estrutura das proteínas , a análise da expressão genética e a descoberta de medicamentos.
- **Modelação financeira:** Os modelos RBM podem ser utilizados para tarefas de modelação financeira, como a previsão de preços de acções, a análise de risco e a otimização de carteiras.
- **Deteção de anomalias:** As RBM podem ser utilizadas para tarefas de deteção de anomalias, como a deteção de fraudes em transacções financeiras, a deteção de intrusões na rede e o diagnóstico médico.
- É utilizado na filtragem.
- É utilizado na aprendizagem de caraterísticas.
- É utilizado na classificação.
- É utilizado na deteção de riscos.
- É utilizado na análise económica e empresarial.

7. 2. 2 Como é que as máquinas de Boltzmann restritas funcionam?

No RBM existem duas fases através das quais todo o RBM funciona:

1ª fase: Nesta fase, pegamos na camada de entrada e, utilizando o conceito de pesos e de polarização, vamos ativar a camada oculta. Diz-se que este processo é o Feed Forward Pass. No Feed Forward Pass, estamos a identificar a associação positiva e a associação negativa. Equação de alimentação:

- **Associação positiva** - Quando a associação entre a unidade visível e a unidade oculta é positiva.
- **Associação negativa** - Quando a associação entre a unidade visível e a unidade oculta é negativa.

2ª Fase: Como não temos nenhuma camada de saída. Em vez de calcular a camada de saída, estamos a reconstruir a camada de entrada através do estado oculto ativado. Este processo é designado por Feed Backward Pass. Estamos apenas a retroceder a camada de entrada através dos neurónios ocultos activados. Depois de fazer isto, reconstruímos a entrada através do estado oculto ativado. Assim, podemos calcular o erro e ajustar o peso desta forma: Equação de retrocesso:

- **Erro** = camada de entrada reconstruída - camada de entrada real
- **Ajustar Peso** = Entrada*erro*taxa de aprendizagem (0,1)

Depois de realizar todos os passos, obtemos o padrão que é responsável pela ativação dos neurónios ocultos. Para perceber como funciona:

Vejamos um exemplo em que partimos do princípio de que a unidade visível V1 ativa as unidades ocultas h1 e h2 e a unidade visível V2 ativa as unidades ocultas h2 e h3. Agora, quando uma nova unidade visível, V5, entra na máquina, esta também ativa as unidades h1 e h2. Assim, podemos rastrear facilmente as unidades ocultas e também identificar que as caraterísticas do novo neurónio V5 coincidem com as de V1. Isto acontece porque V1 também activou a mesma unidade oculta anteriormente.

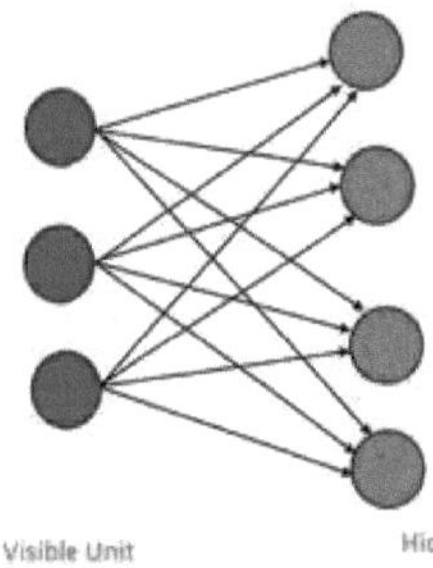

Fig 7.3 Neurónios na máquina de Boltzmann restrita

7. 2. 3 Tipos de RBM

Existem principalmente dois tipos de máquinas de Boltzmann restritas (RBM) com base nos tipos de variáveis que utilizam:

1. **RBM binária:** Numa RBM binária, as unidades de entrada e ocultas são variáveis binárias. Os mecanismos RBM binários são frequentemente utilizados na modelação de dados binários, como imagens ou texto.
2. **RBM gaussiana:** Numa RBM gaussiana, as unidades de entrada e ocultas são variáveis contínuas que seguem uma distribuição gaussiana. As RBM gaussianas são frequentemente utilizadas na modelação de dados contínuos, como sinais áudio ou dados de sensores.

Para além destes dois tipos, existem também variações de mecanismos de argolas, tais como

1. **Rede de crença profunda (DBN):** Uma DBN é um tipo de modelo generativo que consiste em várias camadas de RBMs. As DBN são frequentemente utilizadas na modelação de dados de elevada dimensão, como imagens ou vídeos.
2. **RBM convolucional (CRBM):** Um MRCN é um tipo de MRCN concebido especificamente para o processamento de imagens ou outras estruturas em forma de grelha. Num MRCR, as ligações entre as unidades de entrada e ocultas são locais e partilhadas, o que permite captar as relações espaciais entre as unidades de entrada.
3. **RBM temporal (TRBM):** Um TRBM é um tipo de RBM concebido para processar dados temporais, como séries temporais ou quadros de vídeo. Em uma TRBM, as unidades ocultas são conectadas através de etapas de tempo, o que permite que a rede modele as dependências temporais nos dados.

7. 3 Rede de crença profunda (DBN)

Uma Deep Belief Network (DBN) é um modelo generativo sofisticado que utiliza uma arquitetura profunda.

O que é uma Rede de Crenças Profundas?

Criámos ***redes de crença profundas (DBN)*** para resolver os problemas das redes neuronais clássicas em redes profundas em camadas. Por exemplo - aprendizagem lenta, ficar preso em mínimos locais devido a uma má seleção de parâmetros e exigir um grande número de conjuntos de dados de treino.

- Um DBN é constituído por várias camadas de variáveis latentes estocásticas. As variáveis latentes binárias que são frequentemente conhecidas como detectores de caraterísticas ou unidades ocultas são variáveis binárias.
- O DBN é um modelo gráfico generativo híbrido. As duas camadas superiores não têm

direção. As camadas superiores têm ligações diretas às camadas inferiores.

- O DBN é um algoritmo para aprendizagem profunda probabilística não supervisionada.

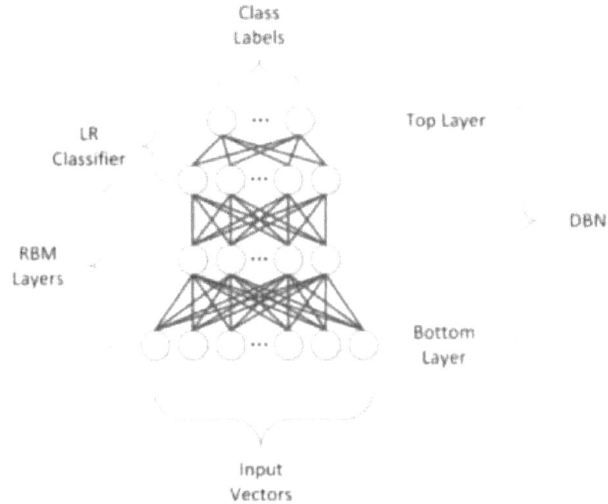

Fig 7.4 Arquitetura da rede de crença profunda

As redes de crença profunda são algoritmos de aprendizagem automática que se assemelham à rede neural profunda, mas não são a mesma coisa. Trata-se de redes neuronais feedforward com uma arquitetura profunda, ou seja, com muitas camadas ocultas. As redes simples e não supervisionadas, como as máquinas de Boltzmann restritas (RBM) ou os autoencoders, formam as DBN, com a camada oculta de cada sub-rede a servir de camada visível para a camada seguinte.

Como é que as Redes Neuronais de Crença Profunda evoluíram?

Na primeira geração de redes neuronais, utilizamos Perceptrons para identificar um determinado objeto ou qualquer outra coisa, tendo em conta o peso. No entanto, os Perceptrons podem ser benéficos apenas para a tecnologia básica, mas não para a tecnologia sofisticada. Para resolver estes problemas, a Segunda Geração de Redes Neuronais introduziu a noção de retropropagação, que compara o resultado recebido com o resultado pretendido e reduz o valor do erro para zero. Depois vieram os gráficos acíclicos dirigidos conhecidos como redes de crenças, que ajudaram na solução de problemas de inferência e aprendizagem. Em seguida, utilizaremos as redes de crenças profundas para ajudar a construir valores imparciais que podemos armazenar nos nós das folhas.

Máquinas de Boltzmann restritas

Uma máquina de Boltzmann restrita (RBM) é um tipo de rede neural artificial estocástica generativa que pode aprender uma distribuição de probabilidade a partir das suas entradas. As redes de aprendizagem profunda também podem utilizar RBM. As redes de crenças profundas, em particular, podem ser criadas "empilhando" RBMs e afinando a rede profunda resultante através de descida gradiente e retropropagação.

7. 3. 1 A arquitetura da DBN

Uma série de máquinas de Boltzmann ligadas numa ordem específica constitui uma **rede de crença profunda**. Complementamos o resultado da camada de "saída" da máquina de

Boltzmann como entrada para a máquina de Boltzmann seguinte, consecutivamente. Depois, treinamo-la até à sua convergência e aplicamos o mesmo até à conclusão de toda a rede.

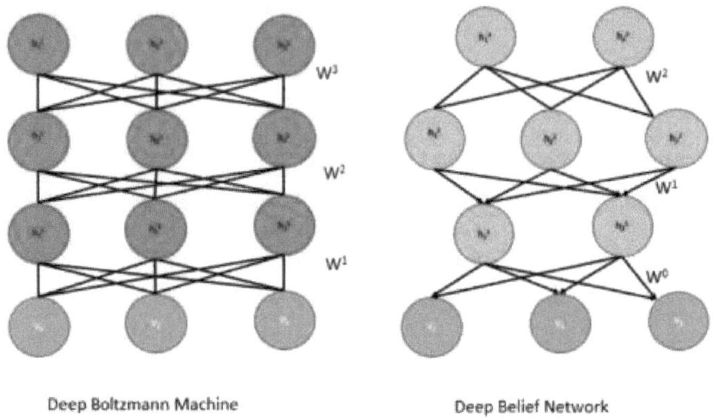

Fig 7.5 Máquina de Boltzmann Profunda e Rede de Crenças Profunda

As ligações não direcionadas e simétricas entre os dois níveis superiores do DBN formam a memória associativa. As setas que apontam para a camada mais próxima dos dados apontam para as relações entre todas as camadas inferiores. As ligações acíclicas dirigidas nas camadas inferiores traduzem a memória associativa em variáveis observáveis. A camada mais baixa de unidades visíveis recebe os dados de entrada. Podemos utilizar dados binários ou reais como entrada. Tal como a *Máquina de Boltzmann Restrita (RBM)*, não existem ligações intralayer. As unidades ocultas representam caraterísticas que encapsulam as correlações dos dados. Uma matriz de pesos simétricos W liga duas camadas. Ligaremos cada unidade em cada camada a cada outra unidade na camada acima dela.

Como é que o DBN funciona?

A primeira fase consiste em treinar uma camada de propriedades que pode obter diretamente sinais de entrada a partir de pixéis. Numa subcasta reformada alternativa, aprender as caraterísticas das caraterísticas obtidas preliminarmente, tratando os valores desta subcasta como pixéis. O limite inferior da fiabilidade logarítmica do conjunto de dados de treino melhora sempre que uma nova subcasta de parcelas ou caraterísticas é adicionada à rede.

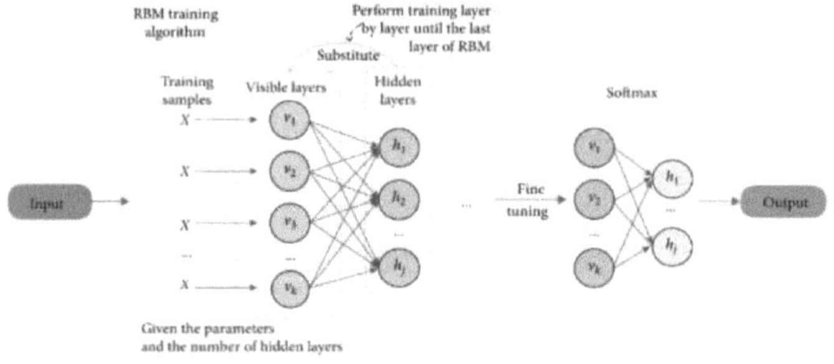

Fig 7.6 Pipeline operacional da Deep Belief Network

O pipeline operacional da Deep Belief Network é o seguinte:

- Utilizaremos o algoritmo de aprendizagem Greedy para pré-treinar o DBN. Para aprender os pesos generativos top-down - o método de aprendizagem gulosa que emprega uma abordagem camada a camada. Estes pesos generativos determinam a relação entre as variáveis numa camada e as variáveis na camada acima.

- Nas duas camadas ocultas superiores, executamos várias etapas da amostragem de Gibbs em DBN. As duas camadas ocultas superiores definem o RBM, pelo que esta fase está efetivamente a extrair uma amostra do mesmo.
- Em seguida, gerar uma amostra das unidades visíveis utilizando uma única passagem de amostragem ancestral através do resto do modelo.
- Utilizaremos uma única passagem de baixo para cima para inferir os valores das variáveis latentes em cada camada. Na camada inferior, o pré-treinamento guloso começa com um vetor de dados observado. Em seguida, afina de forma oposta os pesos generativos.

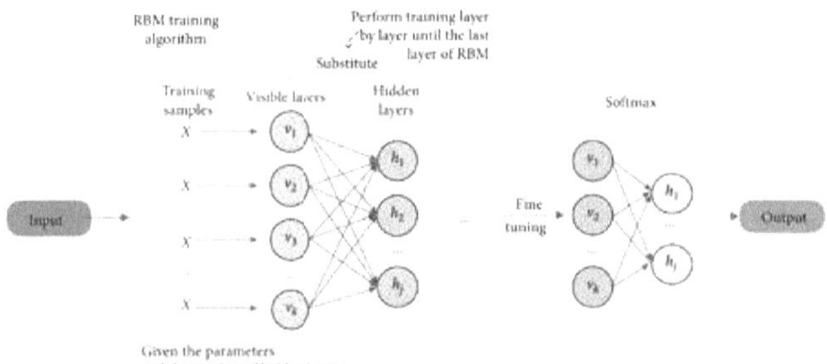

Fig 7.6 Rede de crença profunda através de camadas de Máquina de Boltzmann restrita

É necessário lembrar que a construção de uma Deep Belief Network requer o treinamento de cada camada RBM. Inicialmente, vamos iniciar as unidades e os parâmetros para este fim. No algoritmo de Divergência Contrastiva, existem duas fases: positiva e negativa. Vamos calcular os estados binários das camadas ocultas na fase positiva, calculando as probabilidades dos pesos e das unidades visíveis. É conhecida como a fase positiva porque aumenta a probabilidade do conjunto de dados de treino. A fase negativa reduz a probabilidade de o modelo produzir amostras. Para treinar uma Deep Belief Network completa, vamos empregar a técnica de aprendizagem gulosa. O algoritmo de aprendizagem gulosa treina um RBM de cada vez até que todos os RBMs sejam treinados.

7. 3. 2 Criar uma Rede de Crenças Profunda

Várias RBMs juntas formam uma Deep Belief Networks, o que se reflecte na sua estrutura de registo Clojure. Usamos uma forma totalmente não supervisionada de DBN para inicializar uma Deep Neural Network, enquanto usamos uma DBN de classificação (CDBN) como um modelo de classificação por si só.

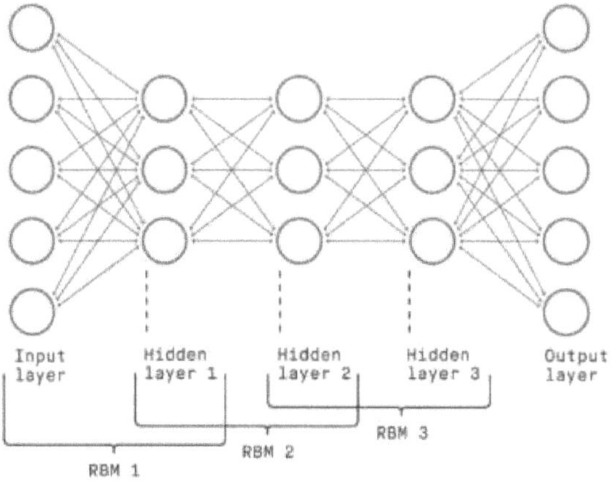

Fig 7.7 Construção de redes de crença profundas por RBM

Cada tipo de registo inclui as RBM que constituem as camadas da rede, bem como um vetor que indica o tamanho da camada e, no caso da DBN de classificação, o número de classes no conjunto de dados representativo. O registo DBN representa um modelo inteiramente constituído por RBMs empilhadas, mas o registo CDBN contém a memória associativa de nível superior, que é um registo CRBM. Isto permite que a camada superior seja treinada para criar etiquetas de classe para vectores de dados de entrada e para classificar vectores de dados desconhecidos.

8. 3. 3 Aprender uma Rede de Crenças Profunda

De facto, aprendemos que os RBMs são os que tornam o DBN não supervisionado, tornando-o muito mais fácil de treinar. A duração do treino de RBM é mais longa do que todo o período de treino de DBN, mas o código é mais simples. Como as CDBNs exigem que os rótulos de observação estejam disponíveis durante o treinamento da camada superior, uma sessão de treinamento envolve primeiro o treinamento da camada inferior, depois a propagação do conjunto de dados por meio da RBM aprendida e o uso do conjunto de dados recém-alterado como dados de treinamento para a próxima RBM. Repetimos este processo até à passagem do conjunto de dados pelo penúltimo RBM treinado e, em seguida, todos os rótulos são concatenados com o conjunto de dados alterado e utilizados para treinar a memória associativa da camada superior. O DBN tem hiperparâmetros a definir, à semelhança do modelo RBM, e oferece valores predefinidos sensatos.

9. 3. 4 Aplicações

Utilizamos redes de crenças profundas em vez de redes profundas feedforward ou mesmo redes neurais convolucionais em configurações mais sofisticadas. Estas redes têm a vantagem de serem menos dispendiosas do ponto de vista computacional (a complexidade computacional cresce linearmente com o número de camadas, em vez de crescer exponencialmente, como acontece com as redes neuronais feedforward) e são menos susceptíveis ao problema dos gradientes de desaparecimento.

Aplicações da Deep Belief Network

O DBN tem muitas aplicações na vida real, como as mencionadas abaixo.

- O DBN é utilizado na deteção de objectos. O DBN detecta ocorrências de objectos de uma determinada classe, como aviões, aves e seres humanos.
- O DBN também é utilizado na geração de imagens.
- O DBN é utilizado na classificação de imagens.
- O DBN também reconhece vídeo.
- Capta o movimento.
- O DBN compreende a linguagem natural, ou seja, o processamento da fala para uma descrição pormenorizada.
- O DBN estima as poses humanas.
- O DBN é muito utilizado em conjuntos de dados.

7. 3. 5 Benefícios

- O DBN é eficiente na utilização de camadas ocultas (maior ganho de desempenho ao adicionar camadas em comparação com o perceptron multicamadas).
- A DBN tem uma robustez específica na classificação (tamanho, posição, cor, ângulo de visão - rotação).
- A mesma abordagem de rede neural da DBN pode ser implementada em várias aplicações e tipos de dados.
- Mesmo quando a quantidade de dados é enorme, o DBN fornece os melhores resultados de desempenho.
- As caraterísticas do DBN são habitualmente reunidas e optimizadas para os resultados previstos.
- A DBN evita técnicas que demoram tempo.
- Por último, mas não menos importante, a DBN é flexível para novos problemas no futuro.

7. 3. 6 desvantagens

- A DBN tem requisitos de hardware.
- O DBN necessita de dados enormes para realizar melhores técnicas.
- O treino do DBN é dispendioso porque tem modelos de dados complexos.
- São necessárias centenas de máquinas.
- A DBN é difícil de utilizar por pessoas menos especializadas.
- O DBN requer classificadores para compreender a saída.

7. 4 Máquina de Boltzman Profunda

Uma Máquina de Boltzmann Profunda (DBM) é um tipo de modelo generativo utilizado na aprendizagem profunda. É semelhante a uma Rede de Crenças Profundas, mas com algumas diferenças na estrutura e função. A estrutura específica de uma DBM envolve três camadas, em vez das duas ou mais normalmente utilizadas noutras redes.

Estrutura e função de um DBM

As três camadas de um DBM são constituídas por uma camada de entrada, uma ou mais camadas ocultas e uma camada de saída. As camadas ocultas são o foco principal de um DBM, e as **ligações bidireccionais entre estas camadas são o que distingue os DBM de outros modelos de aprendizagem profunda.** Estas ligações permitem que as camadas ocultas interajam entre si e ajustem as suas activações conforme necessário, com base nos dados de entrada. Isto significa que a saída de cada camada depende das entradas de todas as outras camadas, o que cria uma rede capaz de aprender relações e padrões complexos.

Para compreender o funcionamento de uma DBM, é importante compreender primeiro o conceito de energia numa rede de aprendizagem profunda. A energia é uma medida da "bondade" de um determinado estado da rede. Numa DBM, a função de energia é uma extensão da Máquina de Boltzmann Restrita (RBM). A função de energia de uma DBM tem em conta tanto a camada visível como uma ou mais camadas ocultas, e baseia-se nas interações entre os neurónios dessas camadas.

7. 4. 1 Aplicações de DBMs

Os DBM têm sido utilizados numa variedade de aplicações, incluindo o reconhecimento de imagens, o processamento de linguagem natural e a bioinformática. Em todas estas aplicações, o objetivo é treinar o MBD para aprender padrões e relações em grandes conjuntos de dados e, em seguida, utilizar esses padrões para gerar novos dados ou para classificar novos dados com base nos padrões que foram aprendidos.

Por exemplo, no reconhecimento de imagens, um DBM pode ser treinado num grande conjunto de dados de imagens e depois utilizado para gerar novas imagens que sejam semelhantes às do conjunto de dados. Isto pode ser útil em aplicações artísticas ou em situações em que é importante gerar novos dados que sejam semelhantes aos dados existentes.

No processamento de linguagem natural, um DBM pode ser treinado num grande corpus de texto e depois utilizado para gerar novas frases ou parágrafos semelhantes em estilo e tom ao texto original. Isto pode ser útil em aplicações de modelação da linguagem e de geração de texto. Vantagens e desvantagens dos DBMs

Uma das principais vantagens dos modelos de modelação por diferenças de nível é a sua capacidade de apreender padrões e relações complexas nos dados. Devido às ligações bidireccionais entre as camadas ocultas, os MGD conseguem captar interações entre as caraterísticas dos dados que poderiam não ser detectadas por outros modelos. Este facto torna os modelos DBM especialmente úteis em aplicações em que os dados são de elevada dimensão ou em que existem muitas interações complexas entre as caraterísticas.

Outra vantagem dos DBMs é a sua capacidade de gerar novos dados que são semelhantes aos dados de treino. Isto pode ser útil em aplicações artísticas, ou em situações em que é importante gerar novos dados que sejam semelhantes em estilo e tom aos dados existentes.

Apesar destas vantagens, existem também algumas desvantagens na utilização de DBMs. Um dos principais desafios dos modelos de DBM é o seu tempo de formação. Uma vez que os MGD podem ser muito profundos, com muitas camadas de neurónios, o treino pode ser lento e computacionalmente dispendioso. Além disso, como as interações entre as camadas ocultas podem ser muito complexas, pode ser difícil interpretar os padrões e relações aprendidos, o que pode dificultar a utilização do modelo em aplicações do mundo real.

Uma Máquina de Boltzmann Profunda é um tipo de modelo de aprendizagem profunda que é utilizado para aprender padrões e relações em grandes conjuntos de dados. É constituída por três camadas, com ligações bidireccionais entre as camadas ocultas. A função de energia de uma DBM é uma extensão da função de energia de uma Máquina de Boltzmann Restrita e tem em conta as camadas visíveis e ocultas da rede. As DBMs têm sido utilizadas numa variedade de aplicações, incluindo o reconhecimento de imagens e o processamento de linguagem natural, mas a sua formação pode ser lenta e computacionalmente dispendiosa. Apesar destes desafios, as DBM são uma ferramenta poderosa para gerar novos dados e aprender padrões complexos nos dados.

7. 5 Rede Adversária Generativa (GAN)

Uma Generative Adversarial Network (GAN) é uma arquitetura de aprendizagem profunda que consiste em duas redes neuronais que competem entre si num quadro de jogo de soma zero. O objetivo das GAN é gerar dados novos e sintéticos que se assemelhem a uma distribuição de dados conhecida.

O que é uma Rede Adversária Generativa?

As redes adversariais generativas (GAN) são uma classe poderosa de redes neurais utilizadas para a aprendizagem não supervisionada. Foi desenvolvida e introduzida por Ian J. Goodfellow em 2014. As GAN são basicamente constituídas por um sistema de dois modelos de redes neurais concorrentes que competem entre si e são capazes de analisar, capturar e copiar as variações num conjunto de dados.

Porque é que os GANs foram desenvolvidos em primeiro lugar?

Verificou-se que a maioria das redes neurais convencionais pode ser facilmente enganada e classificar erradamente as coisas, adicionando apenas uma pequena quantidade de ruído aos dados originais. Surpreendentemente, o modelo após a adição de ruído tem maior confiança na previsão errada do que na previsão correta. A razão para este tipo de adversário é que a maioria dos modelos de aprendizagem automática aprende com uma quantidade limitada de dados, o que é uma grande desvantagem, uma vez que é propenso a sobreajustar. Além disso, o mapeamento entre a entrada e a saída é quase linear. Embora possa parecer que as fronteiras de separação entre as várias classes são lineares, na realidade, são compostas por linearidades e mesmo uma pequena alteração num ponto do espaço de caraterísticas pode levar a uma classificação incorrecta dos dados.

Como é que os GANs funcionam?

As Redes Adversariais Generativas (GAN) podem ser divididas em três partes:

- **Generativo:** Para aprender um modelo generativo, que descreve como os dados são gerados em termos de um modelo probabilístico.
- **Adversário:** A formação de um modelo é efectuada num ambiente contraditório.
- **Redes:** Utilizar redes neuronais profundas como algoritmos de inteligência artificial (IA) para fins de formação.

Nos GANs, existe um **Gerador** e um **Discriminador**. O Gerador gera amostras falsas de dados (seja uma imagem, áudio, etc.) e tenta enganar o Discriminador. O Discriminador, por outro lado, tenta distinguir entre as amostras reais e as falsas. O Gerador e o Discriminador são ambos Redes Neuronais e competem entre si em a fase de treino. Os passos são repetidos várias vezes e, desta forma, o Gerador e o Discriminador melhoram cada vez mais nas suas respectivas tarefas após cada repetição. O trabalho pode ser visualizado na Figura 7.8.

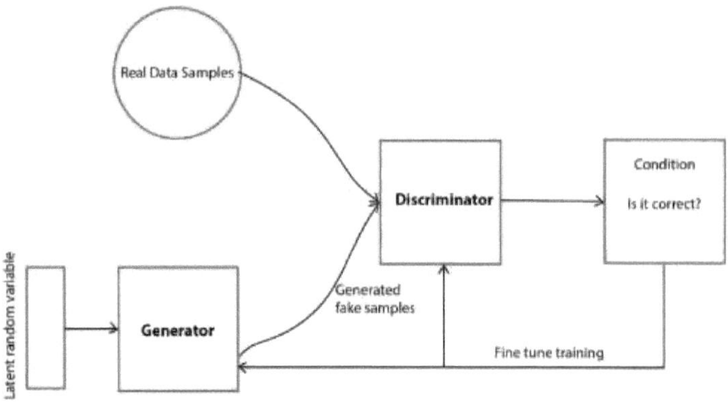

Fig 7.8 Arquitetura do GAN

7. 5. 1 Arquitetura da rede adversarial generativa e seus componentes

Neste caso, o modelo generativo capta a distribuição dos dados e é treinado de forma a tentar maximizar a probabilidade de o discriminador cometer um erro. O Discriminador, por outro lado, baseia-se num modelo que estima a probabilidade de a amostra que obteve ter sido recebida dos dados de treino e não do Gerador. Os GANs são formulados como um jogo minimax, em que o Discriminador tenta minimizar a sua recompensa **V(D, G)** e o Gerador tenta minimizar a recompensa do Discriminador ou, por outras palavras, maximizar a sua perda. Este jogo pode ser descrito matematicamente pela fórmula seguinte:

$$\min_{G} \max_{D} V(D, G)$$

$$V(D,G) = \mathbb{E}_{x\sim p_{data}(x)}[\log D(x)] + \mathbb{E}_{z\sim p_z(z)}[\log(1 - D(G(z))]$$

Função de perda para um modelo GAN onde,

- *G = Gerador*
- *D = Discriminador*
- *Pdata(x) = distribuição dos dados reais*
- *P(z) = distribuição do gerador*
- *x = amostra de Pdata(x)*
- *z = amostra de P(z)*
- *D(x) = Rede de discriminadores*
- *G(z) = Rede de geradores*

Modelo do gerador

O Gerador é treinado enquanto o Discriminador está inativo. Depois de o Discriminador ser treinado pelos dados falsos gerados pelo Gerador, podemos obter as suas previsões e utilizar os resultados para treinar o Gerador e melhorar o estado anterior para tentar enganar o Discriminador. Modelo do discriminador

O Discriminador é treinado enquanto o Gerador está inativo. Nesta fase, a rede é apenas propagada para a frente e não é efectuada qualquer retropropagação. O Discriminador é treinado com dados reais durante n épocas e verifica se consegue predizê-los corretamente como reais. Além disso, nesta fase, o discriminador também é treinado com os dados falsos gerados pelo gerador e verifica se consegue prevê-los corretamente como falsos.

7. **5. 2 Tipos diferentes de modelos GAN**

- **Vanilla GAN:** Este é o tipo mais simples de GAN. Aqui, o Gerador e o Discriminador são perceptrons multicamadas simples. No GAN baunilha, o algoritmo é muito simples, tenta otimizar a equação matemática utilizando a descida de gradiente estocástica.
- **GAN condicional (CGAN):** O CGAN pode ser descrito como um método de aprendizagem profunda em que são introduzidos alguns parâmetros condicionais. No CGAN, é adicionado um parâmetro adicional "y" ao Gerador para gerar os dados correspondentes. Também são colocadas etiquetas na entrada do Discriminador para que este ajude a distinguir os dados reais dos dados falsos gerados.
- **GAN convolucional profundo (DCGAN):** O DCGAN é uma das implementações mais populares e também mais bem sucedidas do GAN. É composto por ConvNets em vez de perceptrons de várias camadas. As ConvNets são implementadas sem max pooling, que é de facto substituído por convolutional stride. Além disso, as camadas não estão totalmente ligadas.
- **GANHO da pirâmide Laplaciana (LAPGAN):** A pirâmide Laplaciana é uma representação de imagem linear invertível que consiste num conjunto de imagens passa-banda, espaçadas de uma oitava, mais um resíduo de baixa frequência. Esta abordagem utiliza vários números de redes geradoras e discriminadoras e diferentes níveis da pirâmide Laplaciana. Esta abordagem é utilizada principalmente porque produz imagens de alta qualidade. A imagem é primeiro reduzida em cada camada da pirâmide e, em seguida, é novamente aumentada em cada camada numa passagem para trás, em que a imagem adquire algum ruído do GAN condicional nessas camadas até atingir o seu tamanho original.
- **GAN de super-resolução (SRGAN):** O SRGAN, como o nome sugere, é uma forma de conceber um GAN em que uma rede neural profunda é utilizada juntamente com uma rede adversária para produzir imagens de alta resolução. Este tipo de GAN é particularmente útil para otimizar o aumento de escala de imagens nativas de baixa resolução para melhorar os seus detalhes, minimizando os erros ao fazê-lo.

7. **5. 3 Aplicação de redes adversariais generativas (GAN):**

As GAN, ou Redes Adversariais Generativas, têm muitas utilizações em muitos domínios diferentes. Eis algumas das utilizações amplamente reconhecidas das GAN:

- **Síntese e geração de imagens: as GAN** são frequentemente utilizadas para tarefas de síntese e geração de imagens. Podem criar imagens novas e realistas que imitam os dados de treino, aprendendo a distribuição que explica o conjunto de dados. O desenvolvimento de avatares realistas, de fotografias de alta resolução e de obras de arte recentes foi facilitado por este tipo de redes generativas.
- **Tradução de imagem para imagem : Os GAN** podem ser utilizados para problemas de tradução de imagem para imagem, em que o objetivo é converter uma imagem de entrada de um domínio para outro, mantendo as suas caraterísticas principais. Os GANs podem ser utilizados, por exemplo, para mudar imagens de dia para noite, transformar desenhos em imagens realistas ou alterar o estilo criativo de uma imagem.
- **Síntese texto-imagem: os GAN** têm sido utilizados para criar imagens a partir de descrições em texto. Os GAN podem produzir imagens que se traduzem numa descrição a partir de uma entrada de texto, como uma frase ou uma legenda. Esta aplicação pode ter um impacto na forma como é produzido material visual realista utilizando instruções baseadas em texto.
- **Aumento dos dados: os GAN** podem aumentar os dados actuais e aumentar a robustez e

a generalização dos modelos de aprendizagem automática, criando amostras de dados sintéticos.

- **Geração de dados para treino: os GAN** podem melhorar a resolução e a qualidade das imagens de baixa resolução. Treinando em pares de imagens de baixa e alta resolução, os GANs podem gerar imagens de alta resolução a partir de entradas de baixa resolução, permitindo uma melhor qualidade de imagem em várias aplicações, como imagens médicas, imagens de satélite e melhoramento de vídeo.
- **Transferência e edição de estilos: os GAN** têm sido utilizados para a transferência e edição de estilos em imagens e vídeos. Podem aprender o estilo de uma imagem ou vídeo de referência e aplicar esse estilo a outras imagens ou vídeos, permitindo transformações artísticas, como a conversão de fotografias em pinturas ou a alteração da aparência de vídeos.

7.5. 4 Vantagens das Redes Adversárias Generativas (GAN)

- **Geração de dados sintéticos**: Os GAN podem gerar dados novos e sintéticos que se assemelham a alguma distribuição de dados conhecida, o que pode ser útil para o aumento de dados, deteção de anomalias ou aplicações criativas.
- **Resultados de alta qualidade**: Os GANs podem produzir resultados de alta qualidade e fotorrealistas em síntese de imagens, síntese de vídeo, síntese de música e outras tarefas.
- **Aprendizagem não supervisionada**: Os GANs podem ser treinados sem dados rotulados, o que os torna adequados para tarefas de aprendizagem não supervisionada, em que os dados rotulados são escassos ou difíceis de obter.
- **Versatilidade**: As GAN podem ser aplicadas a uma vasta gama de tarefas, incluindo síntese de imagens, síntese de texto para imagem, tradução de imagem para imagem, deteção de anomalias, aumento de dados, entre outras.

7. 5. 5 Desvantagens das Redes Adversárias Generativas (GAN)

- **Instabilidade de treinamento**: Os GANs podem ser difíceis de treinar, com o risco de instabilidade, colapso de modo ou falha na convergência.
- **Custo computacional**: Os GAN podem exigir muitos recursos computacionais e podem ser lentos a treinar, especialmente para imagens de alta resolução ou grandes conjuntos de dados.
- **Sobreajuste**: As GANs podem sobreajustar os dados de treino, produzindo dados sintéticos demasiado semelhantes aos dados de treino e com falta de diversidade.
- **Enviesamento e equidade**: Os GAN podem refletir os enviesamentos e a injustiça presentes nos dados de treino, conduzindo a dados sintéticos discriminatórios ou enviesados.
- **Interpretabilidade e responsabilidade**: Os GAN podem ser opacos e difíceis de interpretar ou explicar, o que torna difícil garantir a responsabilidade, a transparência ou a equidade nas suas aplicações.

Referências

1. Abadi M, Barham P, Chen J, Chen Z, Davis A, Dean J, Devin Ma, Ghemawat S, Irving G, Isard M, et al. Tensorflow: um sistema para aprendizagem automática em grande escala. In: 12º Simpósio *{USENIX}* sobre design e implementação de sistemas operativos (*{OSDI}* 16), 2016; p. 265-283.
2. Abdel-Basset M, Hawash H, Chakrabortty RK, Ryan M. Energy-net: uma abordagem de aprendizagem profunda para a gestão inteligente de energia em cidades inteligentes baseadas em iot. IEEE Internet of Things J. 2021.
3. Aggarwal A, Mittal M, Battineni G. Generative adversarial network: an overview of theory and applications. Int J Inf Manag Data Insights. 2021; p. 100004.
4. Al-Qatf M, Lasheng Y, Al-Habib M, Al-Sabahi K. Abordagem de aprendizagem profunda combinando autoencoder esparso com svm para deteção de intrusão na rede. *Acesso IEEE.* 2018;6:52843- 52856. doi: 10.1109/ACCESS.2018.2869577. [CrossRef] [Google Scholar]
5. Ale L, Sheta A, Li L, Wang Y, Zhang N. Deteção de doenças de plantas baseada em aprendizado profundo para agricultura inteligente. Em: 2019 IEEE Globecom Workshops (GC Wkshps), 2019; p. 1-6. IEEE.
6. Amarbayasgalan T, Lee JY, Kim KR, Ryu KH. Deep autoencoder based neural networks for coronary heart disease risk prediction. In: Gerenciamento de dados heterogêneos, polystores e análises para cuidados de saúde. Springer; 2019. p. 237-48.
7. Anuradha J, et al. Previsão de tendências de ações baseada em big data usando cnn profundo com modelo de reforço- lstm. Int J Syst Assur Eng Manag. 2021; p. 1-11.
8. Aqib M, Mehmood R, Albeshri A, Alzahrani A. Gestão de desastres em cidades inteligentes através da previsão do plano de tráfego usando aprendizagem profunda e gpus. In: Conferência internacional sobre cidades inteligentes, infraestrutura, tecnologias e aplicações. Springer; 2017. p. 139-54.
9. Arulkumaran K, Deisenroth MP, Brundage M, Bharath AA. Aprendizagem por reforço profundo: um breve breve. *IEEE Sinal Process Mag.* 2017;34(6):26-38. doi: 10.1109/MSP.2017.2743240. [CrossRef] [Google Scholar]
10. Aslan MF, Unlersen MF, Sabanci K, Durdu A. Cnn-based transfer learning-bilstm network: a novel approach for covid-19 infection detection. *Appl Soft Comput.* 2021;98:106912. doi: 10.1016/j.asoc.2020.106912. [Artigo gratuito PMC] [PubMed] [CrossRef] [Google Scholar]
11. Bu F, Wang X. Um sistema iot de agricultura inteligente baseado na aprendizagem por reforço profundo. *Futur Gener Comput Syst.* 2019;99:500-507. doi: 10.1016/j.future.2019.04.041. [CrossRef] [Google Scholar]
12. Chang W-J, Chen L-B, Hsu C-H, Lin C-P, Yang T-C. Um sistema de reconhecimento de medicina inteligente baseado em aprendizagem profunda para pacientes crónicos. *Acesso IEEE.* 2019;7:44441-44458. doi: 10.1109/ACCESS.2019.2908843. [CrossRef] [Google Scholar]
13. Chaudhari S, Mithal V, Polatkan Gu, Ramanath R. An attentive survey of attention models. arXiv preprint arXiv:1904.02874, 2019.
14. Chaudhuri N, Gupta G, Vamsi V, Bose I. On the platform but will they buy? predicting customers' purchase behavior using deep learning. Decis Support Syst. 2021; p. 113622.
15. Chen D, Wawrzynski P, Lv Z. Segurança cibernética em cidades inteligentes: uma

revisão de aplicações baseadas em aprendizagem profunda e estudos de caso. Sustain Cities Soc. 2020; p. 102655.
16. Cho K, Van MB, Gulcehre C, Bahdanau D, Bougares F, Schwenk H, Bengio Y. Learning phrase representations using rnn encoder-decoder for statistical machine translation. arXiv preprint arXiv:1406.1078, 2014.
17. Chollet F. Xception: Aprendizagem profunda com convoluções separáveis em profundidade. In: Anais da Conferência do IEEE sobre visão computacional e reconhecimento de padrões, 2017; p. 1251-258.
18. Chung J, Gulcehre C, Cho KH, Bengio Y. Empirical evaluation of gated recurrent neural networks on sequence modeling. arXiv preprint arXiv:1412.3555, 2014.
19. Coelho IM, Coelho VN, da Eduardo J, Luz S, Ochi LS, Guimarães FG, Rios E. Um modelo baseado em metaheurística de aprendizagem profunda em gpu para previsão de séries temporais. *Appl Energy.* 2017;201:412- 418. doi: 10.1016/j.apenergy.2017.01.003. [CrossRef] [Google Scholar]
20. Da'u A, Salim N. Sistema de recomendação baseado em métodos de aprendizagem profunda: uma revisão sistemática e novas direcções. *Artif Intel Rev.* 2020;53(4):2709-48. doi: 10.1007/s10462-019- 09744-1. [CrossRef] [Google Scholar]
21. Deng L. A tutorial survey of architectures, algorithms, and applications for deep learning. APSIPA Trans Signal Inf Process. 2014; p. 3.
22. Deng L, Dong Yu. Aprendizagem profunda: métodos e aplicações. *Processo de sinal de tendências encontradas.* 2014;7(3-4):197-387. doi: 10.1561/2000000039. [CrossRef] [Google Scholar]
23. Deng S, Li R, Jin Y, He H. Cruzamento de recursos e classificador baseado em Cnn para previsão de inadimplência de empréstimos. Em: Conferência Internacional 2020 sobre imagem, processamento de vídeo e inteligência artificial, volume 11584, página 115841K. Sociedade Internacional de Ótica e Fotónica, 2020.
24. Dhyani M, Kumar R. Um chatbot inteligente que utiliza aprendizagem profunda com rnn bidirecional e modelo de atenção bidirecional. *Mat Hoje Proc.* 2021;34:817-824. doi: 10.1016/j.matpr.2020.05.450. [PMC free article] [PubMed] [CrossRef] [Google Scholar]
25. Donahue J, Krähenbühl P, Darrell T. Adversarial feature learning. arXiv preprint arXiv:1605.09782, 2016.
26. Du K-L, Swamy MNS. *Redes neuronais e aprendizagem estatística.* Berlin: Springer Science & Business Media; 2013. [Google Scholar]
27. Dupond S. Uma revisão exaustiva sobre o avanço atual das estruturas das redes neuronais. *Annu Rev Control.* 2019;14:200-230. [Google Scholar]
28. Feng J, Yao Y, Lu S, Liu Y. Estrutura de aprendizagem profunda baseada em conhecimento de domínio para diagnóstico de falhas. *IEEE Trans Ind Electron.* 2020;68(4):3454-3464. doi: 10.1109/TIE.2020.2982085. [CrossRef] [Google Scholar]
29. Garg S, Kaur K, Kumar N, Rodrigues JJPC. Esquema híbrido de deteção de anomalias baseado em aprendizagem profunda para deteção de fluxos suspeitos em sdn: uma perspetiva social multimédia. *IEEE Trans Multimed.* 2019;21(3):566-578. doi: 10.1109/TMM.2019.2893549. [CrossRef] [Google Académico].
30. Géron A. Aprendizagem automática prática com Scikit-Learn, Keras. In: e TensorFlow: conceitos, ferramentas e técnicas para construir sistemas inteligentes. O'Reilly Media; 2019.
31. Goodfellow I, Bengio Y, Courville A, Bengio Y. *Deep learning.* Cambridge: MIT Press;

2016. [Google Scholar]
32. Goodfellow I, Pouget-Abadie J, Mirza M, Xu B, Warde-Farley D, Ozair S, Courville A, Bengio Y. Generative adversarial nets. In: Avanços em sistemas de processamento de informações neurais. 2014; p. 2672-680.
33. Google trends. 2021. https://trends.google.com/trends/.
34. Gruber N, Jockisch A. As células gru são mais específicas e as células lstm mais sensíveis na classificação motora do texto? *Front Artif Intell.* 2020;3:40. doi: 10.3389/frai.2020.00040. [PMC free article] [PubMed] [CrossRef] [Google Scholar]
35. Gu B, Ge R, Chen Y, Luo L, Coatrieux G. Deteção automática e robusta de objectos na inspeção de bagagens por raios X utilizando redes neuronais convolucionais profundas. IEEE Trans Ind Electron. 2020.
36. Han J, Pei J, Kamber M. *Data mining: concepts and techniques.* Amsterdam: Elsevier; 2011. [Google Scholar]
37. Haykin S. *Neural networks and learning machines, 3/E.* London: Pearson Education; 2010. [Google Scholar].
38. He K, Zhang X, Ren S, Sun J. Spatial pyramid pooling in deep convolutional networks for visual recognition. *IEEE Trans Pattern Anal Mach Intell.* 2015;37(9):1904-1916. doi: 10.1109/TPAMI.2015.2389824. [PubMed] [CrossRef] [Google Scholar]
39. He K, Zhang X, Ren S, Sun J. Aprendizagem residual profunda para reconhecimento de imagens. In: Anais da Conferência IEEE sobre visão computacional e reconhecimento de padrões, 2016; p. 770-78.
40. Hinton GE. Redes de crenças profundas. *Scholarpedia.* 2009;4(5):5947. doi: 10.4249/scholarpedia.5947. [CrossRef] [Google Scholar]
41. Hinton GE, Osindero S, Teh Y-W. Um algoritmo de aprendizagem rápida para redes de crenças profundas. *Neural Comput.* 2006;18(7):1527-1554. doi: 10.1162/neco.2006.18.7.1527. [PubMed] [CrossRef] [Google Scholar]
42. Hochreiter S, Schmidhuber J. Long short-term memory. *Neural Comput.* 1997;9(8):1735-1780. doi: 10.1162/neco.1997.9.8.1735. [PubMed] [CrossRef] [Google Scholar]
43. Huang C-J, Kuo P-H. Um modelo cnn-lstm profundo para previsão de material particulado (pm2. 5) em cidades inteligentes. *Sensores.* 2018;18(7):2220. doi: 10.3390/s18072220. [PMC artigo gratuito] [PubMed] [CrossRef] [Google Scholar]
44. Huang H-H, Fukuda M, Nishida T. Toward rnn based micro non-verbal behavior generation for virtual listener agents. In: Conferência Internacional sobre interação humano-computador, 2019; p. 53-63. Springer.
45. Hulsebos M, Hu K, Bakker M, Zgraggen E, Satyanarayan A, Kraska T, Demiralp, Hidalgo C. Sherlock: uma abordagem de aprendizagem profunda à deteção de tipos de dados semânticos. In: Anais da 25ª Conferência Internacional ACM SIGKDD sobre descoberta de conhecimento e mineração de dados, 2019; p. 1500-508.
46. Imamverdiyev Y, Abdullayeva F. Deep learning method for denial of service attack detection based on restricted Boltzmann machine. *Big Data.* 2018;6(2):159-169. doi: 10.1089/big.2018.0023. [PubMed] [CrossRef] [Google Scholar]
47. Islam MZ, Islam MM, Asraf A. A combined deep cnn-lstm network for the detection of novel coronavirus (covid-19) using x-ray images. *Inf Med Unlock.* 2020; 20: 100412. doi: 10.1016 / j.imu.2020.100412. [PMC free article] [PubMed] [CrossRef] [Google Scholar]
48. Ismail WN, Hassan MM, Alsalamah HA, Fortino G. Modelo de saúde baseado em Cnn

para análise de factores de saúde regulares no ambiente da Internet das coisas médicas. IEEE. *Access.* 2020;8:52541-52549.
doi: 10.1109/ACCESS.2020.2980938. [CrossRef] [Google Scholar]

49. Jangid H, Singhal S, Shah RR, Zimmermann R. Análise de sentimentos financeiros baseada em aspectos utilizando aprendizagem profunda. Em: Anais complementares da Conferência da Web 2018, 2018; p. 1961-966.

50. Kaelbling LP, Littman ML, Moore AW. Reinforcement learning: a survey. *J Artif Intell Res.* 1996;4:237-285. doi: 10.1613/jair.301. [CrossRef] [Google Scholar]

51. Kameoka H, Li L, Inoue S, Makino S. Supervised determined source separation with multichannel variational autoencoder. *Neural Comput.* 2019;31(9):1891-1914. doi: 10.1162/neco_a_01217. [PubMed] [CrossRef] [Google Scholar]

52. Karhunen J, Raiko T, Cho KH. Aprendizagem profunda não supervisionada: uma breve revisão. Em: Avanços na análise de componentes independentes e máquinas de aprendizagem. 2015; p. 125-42.

53. Kawde P, Verma GK. Rede de crenças profundas baseada no reconhecimento de afetos a partir de sinais fisiológicos. In: 2017 4ª Conferência Internacional da Seção IEEE Uttar Pradesh sobre elétrica, informática e eletrônica (UPCON), 2017; p. 587-92. IEEE.

54. Kim J-Y, Seok-Jun B, Cho S-B. Deteção de malware de dia zero usando redes adversárias generativas transferidas com base em autoencoders profundos. *Inf Sci.* 2018;460:83-102. doi: 10.1016/j.ins.2018.04.092. [CrossRef] [Google Scholar]

55. Kingma DP, Welling M. Auto-encoding variational bayes. arXiv preprint arXiv:1312.6114, 2013.

56. Kingma DP, Welling M. An introduction to variational autoencoders. arXiv preprint arXiv:1906.02691, 2019.

57. Kiran PKR, Bhasker B. Dnnrec: um novo sistema de recomendação híbrido baseado em aprendizagem profunda. Expert Syst Appl. 2020.

58. Kloenne M, Niehaus S, Lampe L, Merola A, Reinelt J, Roeder I, Scherf N. Dicas específicas de domínio melhoram a robustez da segmentação baseada em aprendizado profundo de volumes de TC. *Sci Rep.* 2020; 10 (1): 1-9. doi: 10.1038 / s41598-020-67544-y. [PMC artigo gratuito] [PubMed] [CrossRef] [Google Scholar]

59. Kohonen T. O mapa auto-organizável. *Proc IEEE.* 1990;78(9):1464-1480. doi: 10.1109/5.58325. [CrossRef] [Google Scholar]

60. Kohonen T. Essentials of the self-organizing map (Fundamentos do mapa auto-organizado). *Neural Netw.* 2013;37:52-65. doi: 10.1016/j.neunet.2012.09.018. [PubMed] [CrossRef] [Google Scholar]

61. Kök i, §im§ek MU, Özdemir S. Um modelo de aprendizagem profunda para a previsão da qualidade do ar em cidades inteligentes. In: 2017 Conferência Internacional do IEEE sobre Big Data (Big Data), 2017; p. 1983-990. IEEE.

62. Krizhevsky A, Sutskever I, Hinton GE. Classificação de imagens com redes neurais convolucionais profundas. In: Avanços em sistemas de processamento de informações neurais. 2012; p. 1097-105.

63. Latif S, Rana R, Younis S, Qadir J, Epps J. Transferir a aprendizagem para melhorar a precisão da classificação das emoções da fala. arXiv preprint arXiv:1801.06353, 2018.

64. LeCun Y, Bengio Y, Hinton G. Aprendizagem profunda. *Nature.* 2015;521(7553):436-44. doi: 10.1038/nature14539. [PubMed] [CrossRef] [Google Scholar]

65. LeCun Y, Bottou L, Bengio Y, Haffner P. Aprendizagem baseada em gradientes aplicada

ao reconhecimento de documentos. *Proc IEEE.* 1998;86(11):2278-2324. doi: 10.1109/5.726791. [CrossRef] [Google Scholar]
66. Li B, François-Lavet V, Doan T, Pineau J. Domain adversarial reinforcement learning. arXiv preprint arXiv:2102.07097, 2021.
67. Li T-HS, Kuo P-H, Tsai T-N, Luan P-C. Modelo de análise de expressão facial baseado em Cnn e lstm para um robô humanoide. *IEEE Access.* 2019;7:93998-94011. doi: 10.1109/ACCESS.2019.2928364. [CrossRef] [Google Scholar]
68. Liu C, Cao Y, Luo Y, Chen G, Vokkarane V, Yunsheng M, Chen S, Hou P. Um novo sistema de reconhecimento de alimentos baseado em aprendizagem profunda para avaliação dietética em uma infraestrutura de serviço de computação de ponta. *IEEE Trans Serv Comput.* 2017;11 (2):249-261.
doi: 10.1109/TSC.2017.2662008. [CrossRef] [Google Scholar]
69. Liu W, Wang Z, Liu X, Zeng N, Liu Y, Alsaadi FE. Um estudo das arquitecturas de redes neurais profundas e das suas aplicações. *Neurocomputação.* 2017;234:11-26.
doi: 10.1016/j.neucom.2016.12.038. [CrossRef] [Google Scholar]
70. López AU, Mateo F, Navío-Marco J, Martínez-Martínez JM, Gómez-Sanchís J, Vila-Francés J, Serrano-López AJ. Análise do comportamento dos utilizadores de computadores, incidentes de segurança e fraudes utilizando mapas auto-organizáveis mapas auto-organizáveis. *Comput Secur.* 2019;83:38-51.
doi: 10.1016/j.cose.2019.01.009. [CrossRef] [Google Scholar]
71. Lopez-Martin M, Carro B, Sanchez-Esguevillas A. Aplicação de aprendizagem por reforço profundo à deteção de intrusão para problemas supervisionados. *Expert Syst Appl.* 2020; 141: 112963. doi: 10.1016 / j.eswa.2019.112963. [CrossRef] [Google Scholar]
72. Ma X, Yao T, Menglan H, Dong Y, Liu W, Wang F, Liu J. Um inquérito sobre a aprendizagem profunda com poderes de iot aplicações. *IEEE Access.* 2019;7:181721-181732.
doi: 10.1109/ACCESS.2019.2958962. [CrossRef] [Google Scholar]
73. Makhzani A, Frey B. K-sparse autoencoders. arXiv preprint arXiv:1312.5663, 2013.
74. Mandic D, Chambers J. *Recurrent neural networks for prediction: learning algorithms, architectures and stability (Redes neurais recorrentes para previsão: algoritmos de aprendizagem, arquitecturas e estabilidade).* Hoboken: Wiley; 2001. [Google Scholar].
75. Marlin B, Swersky K, Chen B, Freitas N. Princípios indutivos para a aprendizagem automática Boltzmann restrita. In: Actas da Décima Terceira Conferência Internacional sobre inteligência artificial e estatística, p. 509-16. Workshop JMLR e Actas da Conferência, 2010.
76. Masud M, Muhammad G, Alhumyani H, Alshamrani SS, Cheikhrouhou O, Ibrahim S, Hossain MS. Reconhecimento facial inteligente baseado em aprendizagem profunda em ambiente iot-cloud. *Comput Commun.* 2020;152:215-222.
doi: 10.1016/j.comcom.2020.01.050. [CrossRef] [Google Scholar]
77. Memisevic R, Hinton GE. Aprender a representar transformações espaciais com máquinas de Boltzmann de ordem superior facturadas. *Neural Comput.* 2010;22(6):1473-1492.
doi: 10.1162/neco.2010.01-09-953. [PubMed] [CrossRef] [Google Scholar]
78. Minaee S, Azimi E, Abdolrashidi AA. Deep-sentiment: análise de sentimentos usando conjunto de modelos cnn e bi-lstm. arXiv preprint arXiv:1904.04206, 2019.
79. Naeem M, Paragliola G, Coronato A. Um sistema inteligente baseado em aprendizagem por reforço e aprendizagem profunda para o apoio a pacientes com deficiência no tratamento

domiciliar. *Expert Syst Appl.* 2021; 168: 114285. doi: 10.1016 / j.eswa.2020.114285. [CrossRef] [Google Scholar]

80. Niu Z, Zhong G, Hui Yu. Uma revisão sobre o mecanismo de atenção da aprendizagem profunda. *Neurocomputação.* 2021;452:48-62. doi: 10.1016/j.neucom.2021.03.091. [CrossRef] [Google Scholar]

81. Pan SJ, Yang Q. Um estudo sobre a aprendizagem por transferência. *IEEE Trans Knowl Data Eng.* 2009;22(10):1345-1359. doi: 10.1109/TKDE.2009.191. [CrossRef] [Google Scholar]

82. Paszke A, Gross S, Massa F, Lerer A, Bradbury J, Chanan G, Killeen T, Lin Z, Gimelshein N, Antiga L, et al. Pytorch: Um estilo imperativo, biblioteca de aprendizagem profunda de alto desempenho. *Adv Neural Inf Process Syst.* 2019;32:8026-8037. [Google Scholar]

83. Pedregosa F, Varoquaux G, Gramfort A, Michel V, Thirion B, Grisel O, Blondel M, Prettenhofer P, Weiss R, Dubourg V, et al. Scikit-learn: aprendizagem automática em python. *J Mach Learn Res.* 2011;12:2825-2830. [Google Scholar]

84. Pi Y, Nath ND, Behzadan AH. Redes neurais convolucionais para deteção de objetos em imagens aéreas para resposta e recuperação de desastres. *Adv Eng Inf.* 2020; 43: 101009. doi: 10.1016 / j.aei.2019.101009. [CrossRef] [Google Scholar]

85. Piccialli F, Giampaolo F, Prezioso E, Crisci D, Cuomo S. Predictive analytics for smart parking: Uma abordagem de aprendizagem profunda na previsão de dados iot. *ACM Trans Internet Technol (TOIT)* 2021;21(3):1-21. doi: 10.1145/3412842. [CrossRef] [Google Scholar]

86. Puterman ML. *Markov decision processes: discrete stochastic dynamic programming.* Hoboken: Wiley; 2014. [Google Scholar]

87. Qu X, Lin Y, Kai G, Linru M, Meng S, Mingxing K, Mu L, editores. Uma pesquisa sobre o desenvolvimento de mapas auto-organizados para deteção de intrusão não supervisionada. Mob Netw Appl. 2019; p. 1-22.

88. Rahman MW, Tashfia SS, Islam R, Hasan MM, Sultan SI, Mia S, Rahman MM. O projeto arquitetônico do assistente cego inteligente usando iot com paradigma de aprendizado profundo. *Internet das Coisas.* 2021; 13: 100344. doi: 10.1016 / j.iot.2020.100344. [CrossRef] [Google Scholar]

89. Ren J, Green M, Huang X. Da aprendizagem tradicional à aprendizagem profunda: diagnóstico de falhas para veículos autónomos. In: Controlo da aprendizagem. Elsevier. 2021; p. 205-19.

90. Rifai S, Vincent P, Muller X, Glorot X, Bengio Y. Autocodificadores contratuais: Invariância explícita durante a extração de caraterísticas. In: Icml, 2011.

91. Rosa RL, Schwartz GM, Ruggiero WV, Rodríguez DZ. Um sistema de recomendação baseado em conhecimento que inclui análise de sentimentos e aprendizado profundo. *IEEE Trans Ind Inf.* 2018;15(4):2124-2135. doi: 10.1109/TII.2018.2867174. [CrossRef] [Google Scholar]

92. Sarker IH. Aprendizagem de regras com consciência do contexto a partir de dados de smartphones: inquérito, desafios e direcções futuras. *J Big Data.* 2019;6(1):1-25. doi: 10.1186/s40537-019-0258- 4. [CrossRef] [Google Scholar]

93. Sarker IH. Um modelo de previsão robusto baseado em aprendizagem automática para dados de telemóveis da vida real. *Internet das Coisas.* 2019;5:180-193. doi: 10.1016/j.iot.2019.01.007. [CrossRef] [Google Scholar]

94. Sarker IH. Cyberlearning: análise da eficácia da modelação da segurança da aprendizagem automática para detetar ciberanomalias e multiataques. *Internet das Coisas.* 2021;14:100393. doi: 10.1016/j.iot.2021.100393. [CrossRef] [Google Scholar]
95. Sarker IH. Ciência e análise de dados: uma visão geral da perspetiva da computação inteligente baseada em dados, tomada de decisões e aplicações. SN Comput Sci. 2021. [PMC artigo gratuito] [PubMed]
96. Sarker IH. Cibersegurança profunda: uma visão abrangente da perspetiva da rede neural e da aprendizagem profunda. SN Computer. *Science.* 2021;2(3):1-16. [Google Scholar]
97. Sarker IH. Aprendizagem automática: Algoritmos, aplicações no mundo real e direcções de investigação. SN Computer. *Science.* 2021;2(3):1-21. [PMC free article] [PubMed] [Google Scholar]
98. Sarker IH, Abushark YB, Alsolami F, Khan AI. Intrudtree: uma segurança cibernética baseada na aprendizagem de máquinas intrusão deteção de segurança cibernética. *Symmetry.* 2020;12(5):754. doi: 10.3390/sym12050754. [CrossRef] [Google Scholar]
99. Sarker IH, Abushark YB, Khan AI. Contextpca: Prever a utilização de aplicações para smartphones sensíveis ao contexto com base em técnicas de aprendizagem automática. *Symmetry.* 2020;12(4):499. doi: 10.3390/sym12040499. [CrossRef] [Google Scholar]
100.Sarker IH, Colman A, Han J. Recencyminer: mineração de comportamento personalizado baseado em recência a partir de dados contextuais de smartphones. *JBigData.* 2019;6(1):1-21. doi: 10.1186/s40537-019-0211- 6. [CrossRef] [Google Scholar]
101.Sarker IH, Colman A, Han J, Khan AI, Abushark YB, Salah K. Behavdt: uma árvore de decisão comportamental que aprende a construir um modelo preditivo consciente do contexto centrado no utilizador. *Mob Netw Appl.* 2020;25(3):1151-1161. doi: 10.1007/s11036-019-01443-z. [CrossRef] [Google Académico].
102.Sarker IH, Colman A, Kabir MA, Han J. Segmentação individualizada de séries temporais para minerar o comportamento do usuário de telefones celulares. *Comput J.* 2018;61(3):349-368. doi: 10.1093/comjnl/bxx082. [CrossRef] [Google Scholar]
103.Sarker IH, Furhad MH, Nowrozy R. Cibersegurança orientada para a IA: uma visão geral, modelação da inteligência de segurança e direcções de investigação. SN Computer. *Science.* 2021;2(3):1- 18. [Google Scholar]
104.Sarker IH, Hoque MM, Uddin MK. Ciência de dados móveis e aplicativos inteligentes: conceitos, modelagem baseada em IA e direções de pesquisa.*Mob Netw Appl.* 2021; 26 (1): 285-303. doi: 10.1007 / s11036-020-01650-z. [CrossRef] [Google Scholar]
105.Sarker IH, Kayes ASM. Abc-ruleminer: Método de aprendizagem automática baseado em regras comportamentais do utilizador para serviços inteligentes sensíveis ao contexto. *J Netw Comput Appl.* 2020;168:102762. doi: 10.1016/j.jnca.2020.102762. [CrossRef] [Google Scholar]
106.Sarker IH, Kayes ASM, Badsha S, Alqahtani H, Watters P, Ng A. Cybersecurity data science: an overview from machine learning perspective. *J Big data.* 2020;7(1):1-29. doi: 10.1186/s40537-020-00318-5. [CrossRef] [Google Scholar]
107.Sarker IH, Kayes ASM, Watters P. Effectiveness analysis of machine learning classification models for predicting personalized context-aware smartphone usage. *J Big Data.* 2019;6(1):1-28. doi: 10.1186/s40537-019-0219-y. [CrossRef] [Google Scholar]
108.Sarker IH, Salah K. Appspred: previsão de aplicações para smartphones sensíveis ao

contexto utilizando a aprendizagem por floresta aleatória aleatória. *Internet das Things.* 2019;8:100106.
doi: 10.1016/j.iot.2019.100106. [CrossRef] [Google Scholar]
109.Satt A, Rozenberg S, Hoory R. Efficient emotion recognition from speech using deep learning on spectrograms. In: Interspeec, 2017; p. 1089-1093.
110.Sevakula RK, Singh V, Verma NK, Kumar C, Cui Y. Aprendizagem por transferência para a classificação molecular do cancro utilizando redes neuronais profundas. *IEEE/ACM Trans Comput Biol Bioinf.* 2018;16(6):2089-2100. doi: 10.1109/TCBB.2018.2822803. [PubMed]
[CrossRef] [Google Scholar]
111.Sujay Narumanchi H, Ananya Pramod Kompalli Shankar A, Devashish CK. Recomendação visual em grande escala baseada em aprendizagem profunda e pesquisa para comércio eletrónico. arXiv preprint arXiv:1703.02344, 2017.
112.Shao X, Kim CS. Previsão de consumo de energia a curto prazo em várias etapas usando lstm multicanal com localização temporal considerando o comportamento do cliente. *Acesso IEEE.* 2020;8:125263- 125273. doi: 10.1109/ACCESS.2020.3007163. [CrossRef] [Google Scholar]
113.Siami-Namini S, Tavakoli N, Namin AS. O desempenho de lstm e bilstm na previsão de séries temporais. Em: 2019 Conferência Internacional do IEEE sobre Big Data (Big Data), 2019; p. 3285-292. IEEE.
114.Slusarczyk B. Industry 4.0: are we ready? Pol J Manag Stud. 2018; p. 17
115.Sumathi P, Subramanian R, Karthikeyan VV, Karthik S. Sistema de monitorização e avaliação do solo utilizando edl-asqe: modelo de aprendizagem profunda melhorado para a rede de agricultura inteligente ioi. Int J Commun Syst. 2021; p. e4859.
116.Szegedy C, Liu W, Jia Y, Sermanet P, Reed S, Anguelov D, Erhan D, Vanhoucke V, Rabinovich A. Going deeper with convolutions. In: Anais da Conferência IEEE sobre visão computacional e reconhecimento de padrões, 2015; p. 1-9.
117.Tan C, Sun F, Kong T, Zhang W, Yang C, Liu C. Um estudo sobre a aprendizagem por transferência profunda. In: Conferência Internacional sobre redes neurais artificiais, 2018; p. 270-279. Springer.
118.Vesanto J, Alhoniemi E. Clustering of the self-organizing map. *IEEE Trans Neural Netw.* 2000;11(3):586-600. doi: 10.1109/72.846731. [PubMed] [CrossRef] [Google Scholar]
119.Vincent P, Larochelle H, Lajoie I, Bengio Y, Manzagol P-A, Bottou L. Autoencoders de denoising empilhados: Aprendizagem de representações úteis numa rede profunda com um critério local de denoising . J Mach Learn Res. 2010;11(12).
120.Wang J, Liang-Chih Yu, Robert Lai K, Zhang X. Modelo regional cnn-lstm estruturado em árvore para análise dimensional de sentimentos. *IEEE/ACM Trans Audio Speech Lang Process.* 2019; 28: 581-591. doi: 10.1109 / TASLP.2019.2959251. [CrossRef] [Google Scholar]
121.Wang S, Wan J, Li D, Liu C. Raciocínio de conhecimento com dados semânticos para processamento de dados em tempo real em fábricas inteligentes. *Sensores.* 2018;18(2):471. doi: 10.3390/s18020471. [PMC artigo gratuito] [PubMed] [CrossRef] [Google Scholar]
122.Wang W, Zhao M, Wang J. Deteção eficaz de malware para android com um modelo híbrido baseado num autoencoder profundo e numa rede neural convolucional. *J Ambient Intell Humaniz Comput.* 2019;10(8):3035-3043. doi: 10.1007/s12652-018-0803-6. [CrossRef] [Google

Académico].
123.Wang X, Liu J, Qiu T, Chaoxu M, Chen C, Zhou P. Um mecanismo de previsão de colisão em tempo real com aprendizagem profunda para um sistema de transporte inteligente. *IEEE Trans Veh Technol.* 2020;69(9):9497-9508. doi: 10.1109/TVT.2020.3003933. [CrossRef] [Google Académico].
124.Wang Y, Huang M, Zhu X, Zhao L. Attention-based lstm for aspect-level sentiment classification. In: Actas da Conferência de 2016 sobre métodos empíricos no processamento de linguagem natural, 2016; p. 606-615.
125.Wei P, Li Y, Zhang Z, Tao H, Li Z, Liu D. Um método de otimização para o modelo de classificação de deteção de intrusão baseado em redes de crenças profundas. *Acesso IEEE.* 2019;7:87593-87605. doi: 10.1109/ACCESS.2019.2925828. [CrossRef] [Google Scholar]
126.Weiss K, Khoshgoftaar TM, Wang DD. A survey of transfer learning. *J Big data.* 2016;3(1):9. doi: 10.1186/s40537-016-0043-6. [CrossRef] [Google Scholar]
127.Xin Y, Kong L, Liu Z, Chen Y, Li Y, Zhu H, Gao M, Hou H, Wang C. Métodos de aprendizagem automática e de aprendizagem profunda para a cibersegurança. *Acesso Ieee.* 2018;6:35365-35381. doi: 10.1109/ACCESS.2018.2836950. [CrossRef] [Google Scholar]
128.Xu W, Sun H, Deng C, Tan Y. Autoencoder variacional para classificação de texto semi-supervisionada. In: Trigésima primeira conferência AAAI sobre inteligência artificial, 2017.
129.Xue Q, Chuah MC. Novos ataques ao sistema de aprendizagem de cuidados de saúde baseado em rnn e suas detecções. *Smart Saúde.* 2018;9:144-157. doi: 10.1016/j.smhl.2018.07.015. [CrossRef] [Google Scholar]
130.Yousefi-Azar M, Hamey L. Resumo de texto usando aprendizado profundo não supervisionado. *Expert SystAppl.* 2017;68:93-105. doi: 10.1016/j.eswa.2016.10.017. [CrossRef] [Google Scholar]
131.Yuan X, Shi J, Gu L. Uma revisão dos métodos de aprendizagem profunda para a segmentação semântica de imagens de deteção remota. Expert Syst Appl. 2020;p. 114417.
132.Zhang G, Liu Y, Jin X. Um levantamento dos sistemas de recomendação baseados em autoencoder. *Front Comput Sci.* 2020;14(2):430-450. doi: 10.1007/s11704-018-8052-6. [CrossRef] [Google Scholar]
133.Zhang X, Yao L, Huang C, Wang S, Tan M, Long Gu, Wang C. Classificação de dados de sensores multimodais com atenção selectiva. arXiv preprint arXiv:1804.05493, 2018.
134.Zhang X, Yao L, Wang X, Monaghan J, Mcalpine D, Zhang Y. Uma pesquisa sobre a interface cérebro-computador baseada em aprendizado profundo: avanços recentes e novas fronteiras. arXiv preprint arXiv: 1905.04149, 2019; p. 66.
135.Zhang Y, Zhang P, Yan Y. Lstm baseado na atenção com aprendizagem multi-tarefa para reconhecimento de fala distante. In: Interspeech, 2017; p. 3857-861.
136.

MIX
Papier aus verantwortungsvollen Quellen
Paper from responsible sources
FSC® C105338

FSC
www.fsc.org

Printed by Books on Demand GmbH, Norderstedt / Germany